Margot Friedländer
Sabine Leutheusser-Schnarrenberger
mit Sascha Hellen

Ich tue es für Euch

Was wir von einer hundertjährigen
Holocaustüberlebenden über Vergebung,
Hoffnung und Toleranz lernen können

Margot Friedländer
Sabine Leutheusser-Schnarrenberger
mit Sascha Hellen

Ich tue es für Euch

Was wir von einer hundertjährigen Holocaustüberlebenden über Vergebung, Hoffnung und Toleranz lernen können

Grußwort des Ministerpräsidenten des Landes Nordrhein-Westfalen, Armin Laschet, für die Publikation »Doppelinterview Sascha Hellen mit Sabine Leutheusser-Schnarrenberger und Margot Friedländer«

Sehr geehrte Leserinnen und Leser,

dieses Buch enthält ein Gespräch zweier starker Frauen, die eine ganze Generation trennt, aber das gemeinsame Engagement gegen Antisemitismus und Judenhass eint. Beide machen sich Sorgen, weil Antisemitismus in Deutschland in den vergangenen Jahren wieder hör- und sichtbarer geworden ist. Darum ist es so wichtig, dass starke Persönlichkeiten wie Margot Friedländer ihre Erinnerungen an Hass, Verfolgung und Verbrechen, aber auch an das Über- und Weiterleben jahrzehntelang an junge Menschen weitergegeben haben. Wir müssen immer wieder deutlich machen: Judenhass und Antisemitismus vergiften das Zusammenleben für uns alle. Daher bin ich dankbar, dass Sabine Leutheusser-Schnarrenberger sich als Antisemitismusbeauftragte für unser Land engagiert und mit diesem Buch ein starkes Zeichen für das Fortdauern der Erinnerung und gegen Antisemitismus setzt.

Zugleich macht das Buch schmerzhaft klar, dass wir vor einer tiefen Zäsur in der Erinnerungskultur stehen: Es ist die Zeit der letzten Gespräche mit den Zeitzeugen, mit Überlebenden wie Margot Friedländer. Wenn diese Gespräche bald nicht mehr möglich sind, müssen wir Lebenden das Gedenken an Entrechtung, Verfolgung, Deportation – an das singuläre und unauslöschliche Menschheitsverbrechen der Shoah – erhalten und weiterentwickeln.

Und wir müssen gemeinsam dafür sorgen, dass jüdisches Leben in unserem Land auch in Zukunft blüht und dass Jüdinnen und Juden sich in ihrem Alltag in Deutschland sicher und willkommen fühlen. Ein großer Beitrag dazu wird das bundesweite Festjahr 2021 – 321 sein. Wir feiern, dass es seit 1700 Jahren jüdisches Leben im heutigen Deutschland gibt – bezeugt durch ein Edikt des Kaisers Konstantin für den Magistrat der Stadt Köln, das es Juden erlaubte, Ämter der Kurie sowie in der Stadtverwaltung zu bekleiden. Dieses Leben fußt heute auf einem Vertrauen, das auch dank herausragender Persönlichkeiten wie Paul Spiegel oder Margot Friedländer entstanden ist. Lassen Sie uns die Erinnerung pflegen, um das Leben zu feiern. Ich bin Sabine Leutheusser-Schnarrenberger, Margot Friedländer und Sascha Hellen sehr dankbar für ihren Beitrag dazu. L'Chaim!

Armin Laschet

Leben, um davon zu berichten: Das könnte das Leitmotto von Margot Friedländer sein. Leicht gebückt, aber ohne Hilfe führt sie durch ihre Wohnung unweit vom Berliner Ku'damm. Ein unabhängiges Leben mit 99 Jahren. Gerade erst hat sie das Mittagessen zubereitet, der Signalton auf dem iMac zeigt den Eingang neuer E-Mails an. Sie skypt mit Freunden in New York, erledigt ihre Post und liest mehrere Bücher zeitgleich.

Ein kalter Januarnachmittag in der Hauptstadt. Margot Friedländer und Sabine Leutheusser-Schnarrenberger haben sich zum Gespräch verabredet. Im Eingangsbereich des Apartments hängen Fotos, die Frau Friedländer mit den Spitzen der Politik zeigen; mit Bundeskanzlerin Angela Merkel, mit Berlins Regierendem Bürgermeister Michael Müller und dem ehemaligen Bundespräsidenten Joachim Gauck. Sein Amtsnachfolger ruft regelmäßig bei Margot Friedländer an. Sie sind freundschaftlich verbunden, man duzt sich.

Die Begrüßung der Damen fällt herzlich aus. Es ist das erste Mal, dass sie sich treffen. Zwei unterschiedliche Biografien. Ein Ziel. Beide wollen wachrütteln und erinnern. Margot Friedländer hat den Holocaust überlebt – als Einzige aus ihrer Familie. Sie musste sich verstecken und 15 Monate im Untergrund überleben. Margot Friedländer hat dem Bösen mehrfach ins Gesicht geblickt, den Naziterror hautnah zu spüren bekommen.

Sabine Leutheusser-Schnarrenberger wuchs wohlbehütet im westfälischen Minden auf. Sie wurde 1951 geboren und gilt heute als die Elder Stateswoman ihrer Partei. In der FDP hinterließ sie Spuren, kämpfte für Bürgerrechte und Freiheit. Wie kaum eine andere Politikerin steht sie für Haltung – nicht zuletzt durch ihren Rücktritt als Bundesministerin der Justiz im Zusammenhang mit der Entscheidung für den sogenannten Großen Lauschangriff, die akustische Wohnraumüberwachung. Das war zu Zeiten von Bundeskanzler Helmut Kohl. Später zog sie erneut ins Bundeskabinett ein, unter Angela Merkel. Eine Frau, ein Ressort, zwei Bundeskanzler – ein Unikum in der bundesdeutschen Politik. Heute engagiert sich »SLS«, wie sie im Politikbetrieb und in großen Teilen der Medien genannt wird, ehrenamtlich als stellvertretende Vorsitzende der Friedrich-Naumann-Stiftung für die Freiheit und als Antisemitismusbeauftragte des Landes Nordrhein-Westfalen. Ein kleines Team unterstützt sie hier, SLS arbeitet mit einem überschaubaren Budget. Als »politische Kosmetik« will sie diese Aufgabe aber nicht verstanden wissen. Sie will wachrütteln, mahnen, Initiativen gegen Judenhass fördern.

Der Journalist Sascha Hellen moderiert das Gespräch.

SASCHA HELLEN

Frau Friedländer, Sie werden im November 100 Jahre alt. Wir sitzen zu Beginn des Jahres 2021 in Ihrer Berliner Wohnung. Welche Erwartungen haben Sie an das neue Jahr?

MARGOT FRIEDLÄNDER

Auch mit fast 100 Jahren bin ich ja noch immer sehr aktiv und nehme viele Termine wahr. Natürlich wird es für mich heute schwieriger, lauter und länger zu sprechen. Das fällt mir schwer. Aber es ist eine Mission geworden, über das Erlebte zu sprechen. Es ist mein Leben, meine Geschichte, die ich erzähle. Ich spreche für die, die es nicht geschafft haben. Dass ich es geschafft habe, überlebt habe, verpflichtet mich. Es hat mir im hohen Alter wieder ein Ziel gegeben. Ich kann nur immer wieder erzählen, aus meinem Leben. Ganz sachlich. Was war, können wir nicht mehr ändern, aber es darf nie wieder geschehen. Ich tue es nicht für mich, ich tue es für euch. Für eure Zukunft, euer Wohl. Ich möchte nicht, dass einer das erleben muss, was wir erlebt haben. Diese Gefühle lassen sich nur schwer in Worte fassen. Mir ist es wichtig, Kindern und Jugendlichen zu begegnen, denn sie sind die Zukunft.

SABINE LEUTHEUSSER-SCHNARRENBERGER
Ich habe von Auschwitz nichts in der Schule gehört. Ich habe Anfang der Siebzigerjahre Abitur gemacht. Mein Geschichtslehrer auf dem Gymnasium in Minden kam im Unterricht bis zum Ende des Ersten Weltkriegs. Aber ich habe zu Hause über die Shoah und die Verfolgung zu Zeiten der NS-Diktatur gehört. Mein Großvater als Landrat in Gotha hat sich geweigert, 1933 in die NSDAP einzutreten. Er war eigentlich aus ganzem Herzen ein preußischer Staatsbeamter – durch und durch –, der dienen wollte, dem Staat, der nämlich dazu da ist, sich um das Wohl seiner Bürgerinnen und Bürger zu kümmern, für Ordnung und Sicherheit zu sorgen. Und da kamen die Nazis daher, und damit ist für ihn auf einmal diese ganze Welt zusammengebrochen. Also, er war selbst nicht in einem Konzentrationslager …

SASCHA HELLEN

Gab es andere Konsequenzen?

SABINE LEUTHEUSSER-SCHNARRENBERGER

Sicher. Er wurde in den sofortigen Ruhestand versetzt, weil er die vom thüringischen Innenminister angeordnete Amtsenthebung aller sozialdemokratischen Bürgermeister öffentlich missbilligte und sogar noch einen draufsetzte: Er bedankte sich für die gute und vertrauensvolle Zusammenarbeit. Das war 1933. Später weigerte er sich noch, Mitglied des nationalsozialistischen Versorgungswerks zu werden. Das führte zu seiner Entlassung aus dem Staatsdienst, da er sich »gegen die Regierung Adolf Hitlers gerichtet« hatte. 1939, als der Krieg begann, holte man ihn als Verwaltungsfachmann zurück und verpflichtete ihn zum Dienst im Wehrbezirkskommando Gotha. Mein Großvater war damals 62 Jahre alt und hatte dieses Amt bis Kriegsende inne. Danach setzten ihn die Amerikaner wieder in die Verwaltung ein; er wurde als politisch Verfolgter anerkannt und rehabilitiert. Er war ein geradliniger, fairer, gutmütiger Staatsbeamter. Ihm war der Dienst am Staat wichtiger als jede Parteizugehörigkeit.

SASCHA HELLEN

Was haben Ihre Eltern während des Krieges gemacht?

SABINE LEUTHEUSSER-SCHNARRENBERGER

Mein Vater war im Krieg, meine Mutter war Apothekerin. Sie hat in einer Apotheke im heutigen Mecklenburg-Vorpommern gearbeitet. Die Familie musste dann aber fliehen. Wir haben auch Wurzeln in Oberfranken, dort gibt es noch heute ein »Leutheusser-Bräu«, das war die Verwandtschaft meines Vaters. Da hat man sich dann getroffen, und nachdem mein Vater aus der Gefangenschaft kam – er war Gott sei Dank nicht lange in Gefangenschaft –, zog er Richtung Coburg. Wie so oft in dieser Zeit hat sich auch hier zufällig eine Chance aufgetan, und er hörte davon, dass im westfälischen Minden eine Anwaltskanzlei leer stand. Die hat mein Vater übernommen. Natürlich war alles furchtbar eng; die Kanzlei war auch gleichzeitig die Wohnung. Unsere Mutter hat uns das später immer wieder erzählt, wie beengt Mandantengespräche stattgefunden haben. Da wurde in einem Zimmer geschlafen, dann gab es einen Vorhang, davor war das Büro. Immer wenn ein Mandant kam, durfte kein Kaffee gekocht, kein Lärm gemacht werden ... Äußerst einfache Verhältnisse. Aber auch die beiden hatten das große Glück, dass sie wieder neu anfangen durften.

SASCHA HELLEN

Wurden die Kriegsjahre – insbesondere die Kriegsgefangenschaft – zu Hause thematisiert?

SABINE LEUTHEUSSER-SCHNARRENBERGER

Der Krieg wurde thematisiert. Mein Vater war in Norwegen gewesen ... Er hatte Glück. Ihm war der ganze Krieg zuwider, und zu allem Überfluss war er auch noch in einer reitenden Truppe eingesetzt. Das passte ihm überhaupt nicht, denn er konnte Pferde nicht ausstehen. Er hat sicherlich viele schlimme Erlebnisse aus dem Krieg mitgebracht, aber keine, die ihn nachhaltig traumatisiert haben. Meine Mutter stammt ursprünglich aus dem

Rheinland, aus Wuppertal. Sie war auch eine sehr starke, lebenstüchtige Frau, eine »Macherin«, die sich nie hat unterkriegen lassen, da gibt es sicherlich Parallelen zu Frau Friedländers Mutter. Ich habe meine Mutter in all den Jahren nie niedergeschlagen oder pessimistisch erlebt. Sie war für uns immer auch ein Vorbild. Als sie flüchten und den Job in der Apotheke aufgeben musste, hat sie anderswo mitgearbeitet, unter anderem als Krankenschwester. Ich weiß noch, dass sie uns immer auch aus dieser Zeit erzählt hat, von den Entbehrungen, die sie ertragen musste. Und dann hatte der Krieg natürlich auch eine eigene Dynamik. Sie musste mit dem Bollerwagen zehn Kilometer laufen, um einen Sack Kartoffeln zu holen, da lief ganz viel über Tauschgeschäfte. Gabeln aus dem Silberbesteck wurden gegen Lebensmittel getauscht. Das sind ja alles Dinge, die wir uns heutzutage nicht mehr vorstellen können und die wir glücklicherweise auch nicht erleben mussten. Der tägliche Kampf ums Überleben beeindruckt mich bis heute, und es ist für mich immer noch nicht nachvollziehbar, wie Menschen in einer solch schwierigen Situation Hoffnung und Haltung bewahren können. Das nötigt mir den größten Respekt ab. Die Generation der Menschen, die diese Kriegsjahre erleben mussten, ist oftmals nicht ausreichend gewürdigt worden. Das müssen wir auch bis in die heutige Zeit vermitteln.

MARGOT FRIEDLÄNDER
War Ihre Familie jüdischen Glaubens?

SABINE LEUTHEUSSER-SCHNARRENBERGER
Nein, christlichen Glaubens. Doch in einem intellektuel-

len und interessierten Umfeld unterwegs. Mein Großvater war sehr staatstreu, immer nach dem Motto: Der Staat hat eine Verantwortung, alle Menschen nach dem Gesetz gleich zu behandeln. Das war für ihn ein Credo, eine Selbstverständlichkeit. Und plötzlich wurde all das mit Füßen getreten. Er war trotzdem keiner, der ständig gejammert hat, kein Pessimist. Mein Großvater hat stets nach vorne geschaut. Es hat ihn sehr getroffen, dass er sofort aus dem Staatsdienst entlassen und dadurch natürlich auch ein Stück weit ausgegrenzt wurde. Meine Großeltern wurden wegen ihrer politischen Auffassungen verfolgt, sind dann hochbetagt mit 97 und 96 Jahren verstorben. Ich erinnere mich, dass wir oft mit ihnen gesprochen haben, da war ich 14 oder 15 Jahre alt. Später ist mir bewusst geworden, wie wenig wir doch eigentlich über die Geschichte erfahren haben. Aber natürlich war Auschwitz bei uns zu Hause ein Thema, wir haben darüber gesprochen. Heute sind andere Möglichkeiten da für junge Menschen. Die können googeln, sich informieren, an so etwas war damals nicht zu denken. Und dennoch ist es erschütternd, wenn man Umfragen liest: Bis zu 40 Prozent der jungen Menschen haben keine Ahnung und noch nie was von Auschwitz gehört. Entsetzlich.

MARGOT FRIEDLÄNDER
Ja, das finde ich auch. Darum ist es mir so wichtig, davon zu berichten.

SASCHA HELLEN
Frau Leutheusser-Schnarrenberger, ab wann sprechen wir eigentlich von »Antisemitismus«?

SABINE LEUTHEUSSER-SCHNARRENBERGER
»Antisemitismus« bedeutet Judenhass oder Judenfeindlichkeit und äußert sich immer dann, wenn Menschen wegen ihres jüdischen Glaubens oder jüdische Gemeindeinstitutionen oder religiöse Einrichtungen angegriffen werden. In Deutschland gibt es einen latenten Antisemitismus, er ist auch mit der Gründung der Bundesrepublik nicht verschwunden und findet sich in allen Gesellschaftsbereichen. Im Alltag äußert sich Antisemitismus häufig verpackt als Antizionismus und richtet sich gegen die Gründung und die Existenz Israels. Während des tausendfachen Raketenbeschusses Israels durch die Hamas aus dem Gazastreifen im Mai 2021 wurde in Deutschland vor Synagogen gegen die Politik Israels demonstriert und Israels Fahne verbrannt. Die Juden in Deutschland wurden mit Israel gleichgesetzt, das ist Judenhass und keine politische Kritik. Natürlich ist Kritik an der Politik Israels wie auch anderer Staaten erlaubt, das ist selbstverständlich. Dann soll man vor der israelischen Botschaft friedlich demonstrieren und sachliche Forderungen erheben.

SASCHA HELLEN
Was genau können Sie mit Ihrem Amt erreichen? Welche Möglichkeiten haben Sie als Antisemitismusbeauftragte?

SABINE LEUTHEUSSER-SCHNARRENBERGER
In Nordrhein-Westfalen ist das kein kosmetischer Job, damit man sagen kann, man hat auch etwas getan. Ich habe von Anfang an gespürt, dass man es mit dieser

Aufgabe ernst meint. Wir haben Antisemitismus in vielen Teilen der Gesellschaft – und er verbreitet sich. Der Tatsache muss man ins Auge sehen. Der Judenhass geht nicht plötzlich zurück, nur weil man jetzt ein solches Amt installiert hat. Das wäre natürlich toll. Ich werfe also den kritischen Blick auf folgende Punkte: Was haben wir denn für Strukturen in Nordrhein-Westfalen zur Prävention von Antisemitismus? Wo gibt es Defizite in der Justiz, in der Strafverfolgung, in der Schule? Wie kann zivilgesellschaftliches Engagement noch stärker unterstützt werden? Erinnern, informieren, aufklären. Mein Amt ist auch dafür da, Antisemitismus bewusst zu machen, gerade auch für alle Angehörigen öffentlicher Verwaltungen, besonders in der Schule, bei der Polizei und in den Sicherheitsbehörden.

Was Antisemitismus nicht nur mal war – in der Geschichte, besonders natürlich der bis heute unfassbare Mord an sechs Millionen Juden während des NS-Unrechtsregimes –, sondern was er heute bedeutet, in welchem Gewand er im Zeitalter der Digitalisierung daherkommt. Heute zeigt sich Antisemitismus häufig in verschlüsselten Zeichen, Codes und Begriffen, die nicht sofort jedem einleuchten, gerade das Internet ist ein Treiber von antisemitischen Stereotypen und Verschwörungsmythen. Und deshalb sehe ich die Einrichtung einer Beauftragten für Antisemitismus nicht als eine Alibiveranstaltung. Antisemitismus ist leider alltäglich geworden. Das ist gefährlich. Es gibt nach wie vor die Ideologie, dass Menschen eines bestimmten Glaubens – also der jüdischen Religion – nicht dazugehören. Und dann benutzen wir auch heute, im Jahr 2021, noch immer das

Wort »Rasse« in Gesetzestexten, wenn wir genau diese Gruppen schützen wollen. Derzeit ist die längst überfällige Debatte, dieses Wort aus dem Grundgesetz zu streichen, in vollem Gange.

MARGOT FRIEDLÄNDER
Ja, ein unglaubliches Wort! Es gibt keine Rasse. Wir sind Menschen! Wir kommen alle auf dieselbe Art und Weise auf die Welt.

SABINE LEUTHEUSSER-SCHNARRENBERGER
So ist das. Ich bin Juristin und war zweimal Bundesjustizministerin, habe mich mit allen möglichen Fragen im Grundgesetz beschäftigt. Jetzt – 2021 – darf das Wort »Rasse« hier keinen Bestand mehr haben. Man hatte es natürlich damals, 1949, als es verabschiedet wurde, sozusagen gut gemeint. Man hat gesagt: Wir wollen gegen diesen Rassismus sein, wegen seiner Rasse darf niemand diskriminiert werden.
Aber im Grunde ist »Rasse« gar kein wissenschaftlicher Begriff, er ist im Gegenteil sogar per se diskriminierend. Und deshalb glaube ich auch fest daran, dass man ihn letztendlich rausnehmen wird.

MARGOT FRIEDLÄNDER
Das hoffe ich sehr. Ich habe mich schon immer gefragt: Rasse – wo gibt's denn so was?!

SABINE LEUTHEUSSER-SCHNARRENBERGER
»Rasse« war immer eine Diskriminierung, weil man damit Menschen kategorisiert hat.

MARGOT FRIEDLÄNDER

Ja, diskriminierend und irgendwie auch total unverständlich. Es gibt doch nicht eine Rasse.

SABINE LEUTHEUSSER-SCHNARRENBERGER

Nein, es gibt Religionen, es gibt politische Haltungen, es gibt Abstammungen. Ob ich Verwandter bin, zum Beispiel. Aber Rassen? Dennoch muss man aufpassen, dass durch die veränderte Wortwahl der Schutzbereich des Grundgesetzes nicht betroffen ist. Denn er soll ja Minderheiten schützen. Man muss sich also wirklich in Ruhe Gedanken machen, es gibt auch schon eine Reihe von Alternativvorschlägen.

Für Sie muss es seltsam, wenn nicht gar verstörend sein, jetzt noch einmal zu erleben, dass über den Begriff »Rasse« so diskutiert wird. Man sagt sich doch eigentlich: Das kommt Jahrzehnte zu spät ...

MARGOT FRIEDLÄNDER

Es geht ja auch nicht nur um die sechs Millionen Juden. Ich spreche für alle Menschen, die es nicht geschafft haben, die man umgebracht hat: Homosexuelle, politisch Andersdenkende, Menschen mit anderer Religion. Auch Zeugen Jehovas und Sinti und Roma. Es war doch eine unvorstellbare Sache! Menschen, die andere Menschen brutal und mit System ermorden.

Das, was ich tue, gibt mir Hoffnung. Ich habe das Gefühl, ich werde etwas hinterlassen, mein Leben hat einen Sinn gemacht. Ich habe Hunderte, vielleicht Tausende von Danksagungen von Schülern, das bestätigt und beflügelt mich.

Margot Friedländer holt drei DIN-A4-Ordner aus dem Nebenzimmer. Sie sind voller Briefe und Zeitungsartikel – Reaktionen auf ihre Lesungen und Besuche in Schulen. Weitere Ordner stehen im Regal. Seit Erscheinen ihrer Autobiografie im Jahre 2008 war sie fast Tag für Tag unterwegs. In ganz Deutschland. Sie hat nicht nur Schülerinnen und Schülern aus ihrem Leben berichtet und Fragen beantwortet, sondern ist auch unzähligen anderen Einladungen von Organisationen, Ministerien, Museen, Medienverlagen und Privatpersonen gefolgt. Die Jugendlichen wollten alles wissen, sie hat fast alles beantwortet. Jetzt lassen die Kräfte nach. Sie kann nicht mehr reisen, wiederholt sie wehmütig.

SASCHA HELLEN
Frau Friedländer, unabhängig von den ganzen positiven Rückmeldungen ... Bekommen Sie auch Drohbriefe?

MARGOT FRIEDLÄNDER
Nein. Nicht einen einzigen. Und ich kann mich auch nicht erinnern, dass jemals jemand rausgegangen ist, während ich eine Lesung gemacht habe.

SASCHA HELLEN
Sind Sie, seit Sie wieder in Deutschland leben, schon einmal in irgendeiner Form antisemitisch angegriffen oder beleidigt worden?

MARGOT FRIEDLÄNDER
Nein, glücklicherweise nicht. Ich habe im Gegenteil mehrfach erlebt, dass Menschen sich bei mir entschul-

digt oder sie mir gesagt haben, sie schämen sich für das, was passiert ist.

SASCHA HELLEN
Ein Stück weit sind die Lesungen ja Ihre Lebensaufgabe geworden. Eine Mission, die Sie haben. Ist das nicht schwierig für Sie, immer wieder die eigene Vergangenheit aufs Neue zu durchleben?

MARGOT FRIEDLÄNDER
Ja und nein. Es ist natürlich nicht leicht, aber in gewissem Sinne ist es auch wie eine Therapie für mich, die Dinge auszusprechen. Denn das alles IST ja mein Leben. Ich kann es nicht einfach rausschneiden aus mir.
Und natürlich ist es auch meine Mission. Viele Menschen fragen mich oft, wie ich das machen kann, immer wieder meine Geschichte zu erzählen. Vor allem Schülerinnen und Schüler wollen das wissen. Ich sage dann: Ihr helft mir, dass ich es machen kann. Ihr hört mich an und gebt mir damit ein Gefühl, dass ich etwas im Leben erreicht hab'.

SASCHA HELLEN
Haben Sie manchmal Albträume?

MARGOT FRIEDLÄNDER
Ich denke sehr viel. Aber ich weiß nicht unbedingt, ob das Träume sind, denn ich kann nicht einschlafen. Mir geht viel durch den Kopf, weil das immer in mir ist. Es ist Part von uns – ein Teil von uns. Aber ich kann darüber sprechen, und das ist eine Stärke, weil ich das Gefühl

habe, ich helfe euch damit ein bisschen, indem ich sage: Ich mag Menschen. Indem ich euch die Hand reiche, ihr das Gefühl habt, dass ich nicht gegen euch bin, will ich ein Zeichen setzen. Die Nachkommen können ja nichts dafür, und warum soll ich sie beschuldigen? Im Gegenteil. Ich möchte aber, dass ihr wisst, was war, denn ich will nicht, dass einer von euch so etwas erlebt, was wir erleben mussten. Dass jemals so etwas wieder passiert.

SASCHA HELLEN
Sie haben mir mal erzählt, dass Sie schlecht schlafen ...

MARGOT FRIEDLÄNDER
Es dauert manchmal zwei oder drei Stunden, bis ich einschlafe.

SASCHA HELLEN
Weil die Ereignisse Sie verfolgen?

MARGOT FRIEDLÄNDER
Ja ... Ich habe Tabletten, die nehme ich dann auch manchmal. Aber ich denke auch, trotz Tabletten, immer daran, was war. Es geht jetzt ein bisschen besser, aber Vergessen ist unmöglich.

SASCHA HELLEN
Träumen Sie von Ihrer Mutter und Ihrem Bruder Ralph?

MARGOT FRIEDLÄNDER
Ich denke ununterbrochen an die beiden ... Was passiert ist, wird mich nie verlassen. Sicherlich haben wir auch

Fehler gemacht. Ich frage mich oft: Hätten wir uns besser anders verhalten sollen? Wir sind doch sehr zerbrochene Menschen.

SASCHA HELLEN
Was ist Ihre zerbrochene Seite?

MARGOT FRIEDLÄNDER
Wenn ich die alten Bilder sehe, damals ... die Zehnjährigen, wie sie marschiert sind und gesungen haben. Das waren noch Kinder. Die haben sich erst das braune Hemd angezogen und viele von denen nach dem Krieg das weiße.

SABINE LEUTHEUSSER-SCHNARRENBERGER
Wann haben Sie zum ersten Mal nach dem Krieg über die Ereignisse gesprochen?

MARGOT FRIEDLÄNDER
Wir haben nach der Befreiung in Theresienstadt – wir waren ja nach dem Krieg noch ziemlich lang in Theresienstadt und danach in einem DP-Lager, bis 1946 – kaum jemanden gekannt. Manchmal sind mein Mann und ich spazieren gegangen, haben auf einer Bank gesessen und uns viel erzählt. In Amerika haben wir wenig über die Sachen gesprochen ... Wir haben ja mehr oder weniger dasselbe erlebt, dieselben Schmerzen. Wir brauchten nicht mehr darüber sprechen. Wir wollten einfach nur ein normales Leben führen. Und in Amerika waren in unserem Freundeskreis ja viele Immigranten, die ihre Freunde und Angehörigen verloren hatten. Warum sollten wir ihnen und uns das Herz schwer machen? Und

die Amerikaner haben uns nicht danach gefragt ... Das war übrigens etwas, das mich sehr gestört hat.

SABINE LEUTHEUSSER-SCHNARRENBERGER
Haben Sie sich in Amerika als Deutsche gefühlt?

MARGOT FRIEDLÄNDER
Ja, ich habe mich immer als Deutsche gefühlt, denn unser Freundeskreis war ja deutsch. Wenn ich Englisch gesprochen habe, haben sie immer gesagt: Du sprichst ja Deutsch! So stark war mein Akzent. Ich hab' mich ehrlich gesagt auch gar nicht bemüht. Ich habe Amerika nicht anerkannt, weil ich gedacht habe: Ihr habt nicht genug getan, als wir euch brauchten. Da habt ihr uns nicht reingelassen. Jetzt brauche ich euch auch nicht. Wie ich auf dem Schiff an der Statue of Liberty vorbeigefahren bin, habe ich gedacht: Na, hier stehst du, für die Freiheit, die du uns nicht gegeben hast. Schäm dich!

SABINE LEUTHEUSSER-SCHNARRENBERGER
Sie haben vor einigen Jahren ein Buch mit dem Titel »Versuche, dein Leben zu machen« veröffentlicht. Hat es Ihnen geholfen, Ihre Geschichte aufzuschreiben?

MARGOT FRIEDLÄNDER
Ja, ganz bestimmt. Obwohl ich eigentlich gar nicht geplant hatte, mein Leben oder meine Vergangenheit aufzuschreiben. In New York waren wir häufig im »92Y«, einem jüdischen Kulturzentrum in Manhattan. Das war DIE Anlaufstelle für jüdisches Leben, und mein Mann war dort später in führender Position tätig. Ich wollte

ja nie schreiben, aber irgendwie bin ich nach dem Tod meines Mannes in einem Kurs gelandet. Die Dame, die den Kurs leitete, sagte zu mir: »Du musst dich doch an irgendwas erinnern!« Ich antwortete: »Natürlich – ich erinnere mich an vieles!« Dann habe ich erst einmal zwei Artikel über meine Großmütter geschrieben – zwei Frauen, die sehr verschieden waren. Und dann habe ich die Berichte der anderen Frauen aus dem Kurs gelesen. Die Geschichten waren sehr nett, aber letztendlich doch sehr belanglos: Was habe ich gestern gekocht, wen habe ich besucht, meine Schwiegertochter, mein Sohn rufen mich nicht an ... solche Dinge halt. Da hab' ich mir gedacht: Margot, du hast wirklich viel mehr zu sagen! Ich konnte abends nicht einschlafen, mir ist so viel durch den Kopf gegangen. Ich war im Bett, es war dunkel, und eines Abends habe ich mir Papier mit ins Bett genommen und von da an jeden Abend geschrieben. Immer weiter geschrieben. Dabei habe ich mich gefragt, wie ich das, was in Deutschland passiert ist, auf Englisch schreiben kann.

SABINE LEUTHEUSSER-SCHNARRENBERGER
Haben Sie dann auf Deutsch geschrieben oder erst einmal auf Englisch?

MARGOT FRIEDLÄNDER
Zunächst einmal Artikel auf Englisch, in denen ich meine Erlebnisse beschrieben habe, immer ein Erlebnis pro Artikel. Das habe ich etwa eineinhalb Jahre lang getan, und später wurden diese Artikel auch in einem Jahrbuch »Creative Writing Workshop« veröffentlicht. Nachts sind mir oft Dinge eingefallen, die morgens dann gar

nicht mehr so präsent waren, deshalb habe ich immer sofort alles aufgeschrieben. Das Buch schrieb ich später auf Deutsch – 2005 riet mir ein Freund, ich solle doch auch mal in meiner Muttersprache schreiben. Das Buch bin ich, es ist authentisch, weil ich tatsächlich meine Geschichte erzählt habe. Irgendwann hat es angefangen, förmlich aus mir herauszusprudeln, Tag und Nacht habe ich dann geschrieben.

SABINE LEUTHEUSSER-SCHNARRENBERGER
Am 27. Januar ist der Jahrestag der Befreiung von Auschwitz. Dieser wird ja mit Gedenkveranstaltungen im Bundestag, in den Landtagen und auch an vielen anderen Stellen begangen. Da wird geredet, da findet auch sichtbar was statt – und dennoch erreichen diese Veranstaltungen nur einen Teil der Bürgerinnen und Bürger. Und darüber sich jeden Tag auch immer wieder den Kopf zu zerbrechen: Wie kann man mehr erreichen, niedrigschwelligere Angebote machen, auch junge Menschen erreichen? Diese Aufgabe eint uns, und ich habe große Sorge, was wir machen können, wenn die Zeitzeugen nicht mehr zur Verfügung stehen.

MARGOT FRIEDLÄNDER
Ich will Ihnen was sagen – es gibt vieles, was man tun kann, um es den jungen Menschen früh beizubringen, dass da nicht eine falsche Saat aufgeht. Auch wir tun, was wir können. Wir haben das fünfte Jahr jetzt den Margot-Friedländer-Preis. Da sind Schulen, hier in Deutschland irgendwo, und die Schüler schreiben etwas zu dem Thema, überlegen sich etwas, bringen sich ein, wollen aktiv etwas beitragen. Das ist die Hoffnung.

SABINE LEUTHEUSSER-SCHNARRENBERGER
Gerade junge Menschen, denke ich, leben von Eindrücken. Und der persönliche Eindruck – so habe ich es in Süddeutschland erlebt, da bin ich einige Male mit dem Zeitzeugen und Holocaustüberlebenden Max Mannheimer in Schulen unterwegs gewesen – hat eine große Wirkung. Herr Mannheimer hat auch wie Sie vorgetragen und Fragen beantwortet. Er war auch unglaublich lebhaft und humorvoll. Die Schülerinnen und Schüler waren so beeindruckt, haben wirklich lange zugehört, man hätte eine Stecknadel fallen hören können. Und immer wieder kam die Frage: »Wie können Sie so humorvoll sein bei all dem, was Sie erlebt haben?« – »Wie können Sie noch lachen in dem Land, in dem ein Großteil Ihrer Familie umgebracht wurde?«

MARGOT FRIEDLÄNDER
Meine Antwort auf solche Fragen ist: »Ihr helft mir dazu.«

SABINE LEUTHEUSSER-SCHNARRENBERGER
Und Max Mannheimer hat immer gesagt: »Ich glaube an das Gute im Menschen.«

MARGOT FRIEDLÄNDER
Das sehe ich ganz ähnlich. Ich spreche seit meiner Rückkehr unermüdlich gegen das Vergessen. Wir sind alle gleich. Es gibt kein christliches, jüdisches oder muslimisches Blut. Es gibt nur menschliches Blut. Menschen haben Millionen unschuldiger Menschen umgebracht, weil sie ihre Opfer nicht als Menschen sahen. Es ist eure

Aufgabe, in Zukunft dafür zu sorgen, dass niemals Menschen mit so etwas, was wir erlebt haben, konfrontiert werden. Ich reiche euch die Hand und ich bitte euch, ihr sollt die Zeitzeugen sein, die wir nicht mehr lange sein werden. Ich werde in diesem Jahr 100. Wie lange kann ich es noch machen? Meine Botschaft ist einfach: Seid Menschen!

SASCHA HELLEN
Man sagt ja oft, dass der Erfolg der Nazis nur möglich war durch das Schweigen der Mehrheit ...

MARGOT FRIEDLÄNDER
Wenn nicht diese vielen Menschen gejubelt und die Nazis es nicht so gut verstanden hätten, die Menschen so aufzuwühlen und zu begeistern, wäre das nicht möglich gewesen. Man wird doch nicht schlecht geboren. Als Babys sind wir kleine, unscheinbare, individuelle Dingerchen, und wenn wir schlecht werden, muss das durch äußere Einflüsse sein. Die Nazis haben die Demokratie kaputtgemacht. Man wurde eingeschüchtert, verhetzt, konnte nicht sagen, was man wollte.

SASCHA HELLEN
Haben Sie Hitler mal gesehen?

MARGOT FRIEDLÄNDER
Ja, ganz kurz. Zur Zeit der Olympischen Spiele, 1936. Da ist er im offenen Auto am Kaiserdamm zum Stadion gefahren. An diesem Tag waren wir bei guten Freunden meiner Mutter, mit denen sie Bridge gespielt hat. Da

haben wir hinter der Gardine geschaut, um zu sehen, wie er aussieht. Wir waren neugierig. Natürlich hat man all die Dinge über ihn gelesen. Er wurde ja regelrecht glorifiziert. Aber wir konnten nur einen flüchtigen Blick erhaschen.

SASCHA HELLEN
Warum hat sich Hitler die Juden ausgesucht?

SABINE LEUTHEUSSER-SCHNARRENBERGER
Antisemitismus hat es immer gegeben. Seit Jahrhunderten gibt es Vorurteile – etwa die Meinung, die Juden drängten nach der Weltherrschaft oder der amerikanische Präsident sei eine Marionette der Juden. Der frühere israelische Botschafter in Deutschland, Avi Primor, hat mir mal einen wunderbaren jüdischen Witz erzählt, der die ganze Absurdität solcher Geisteshaltungen veranschaulicht. Auf die provokante Frage der Nazis, wer schuld am Krieg sei, antwortet der zur Rede gestellte Jude: »Die Juden und die Radfahrer.« – »Warum die Radfahrer?«, fragen die Nazis. »Warum die Juden?«, kontert der Angesprochene. Das sagt eigentlich alles aus, und bis heute hat die Frage »Warum die Juden?« nichts an Aktualität eingebüßt. Wir können diese Antwort auch weiterspinnen, gerade in der aktuellen, herausfordernden Zeit. Auch in den letzten Jahren gab es in bestimmten Teilen der Gesellschaft eine entsprechende Dynamik, sodass immer ein Verantwortlicher gesucht werden musste. Mal waren es die Flüchtlinge, mal die Ausländer … Ich bin sehr besorgt über diese Mischung aus Verschwörungstheoretikern, Impfgegnern und Demokratiefeinden, die

sich in den letzten Monaten mobilisiert haben. Es ist erschreckend, wie sich auch Persönlichkeiten des öffentlichen Lebens – und damit meine ich zum Beispiel auch diesen Koch Attila Hildmann – derart radikal, menschenverachtend und antisemitisch äußern durften. Die Justiz hat hier viel zu lange gewartet, man hätte schneller durchgreifen müssen.

SASCHA HELLEN
Das Internet ist Fluch und Segen. Brauchen wir stärkere Regeln fürs Internet, für Plattformen wie Facebook, Telegram, Twitter & Co.?

SABINE LEUTHEUSSER-SCHNARRENBERGER
Ja, wir brauchen andere Regelungen, ergänzende Regelungen. Ich will nicht die Plattitüde wiederholen, dass das Internet kein rechtsfreier Raum ist – denn ob ich nun online kommuniziere oder jemandem ins Gesicht sage: »Du falscher Jude!«, es ist jedes Mal eine wirkliche Missachtung des anderen. Aber natürlich ist die Strafverfolgung, das Nachvollziehen dessen, was da auf den Plattformen der Betreiber mit ihrem Hauptsitz großteils außerhalb Deutschlands und außerhalb Europas passiert, viel, viel schwieriger. Das ist der Unterschied zu den analogen Diskussionen und Beschimpfungen. Ich meine, dass wir auf der einen Seite auf alle Fälle Regelungen brauchen, die eben Plattformbetreiber – und das sind die großen Konzerne wie Facebook, Twitter & Co. – stärker in die Verpflichtung nehmen. Die Anbieter können nicht einfach sagen: Wir stellen nur die Technik zur Verfügung, der Rest interessiert uns nicht.

SASCHA HELLEN
Ist das nicht ein Kampf gegen Windmühlen?

SABINE LEUTHEUSSER-SCHNARRENBERGER
In der Tat ist es ein sehr weit verzweigtes Gebiet. Aber man muss zunächst einmal klarstellen: Der Plattformbetreiber darf nicht zum Oberzensor über Meinungsfreiheit und ihre Grenzen werden. Das muss am Ende in einer Demokratie, in einer pluralen Gesellschaft die Justiz erledigen. Der demokratische Gesetzgeber wacht über die Gesetze, die er erlässt, und die Justiz darüber, dass die Gesetze durchgesetzt werden. Aber die Plattformen müssen stärker in die Verantwortung genommen werden, zum Beispiel in der Auskunftsverpflichtung gegenüber Staatsanwaltschaften und der Polizei, wenn es um Vorwürfe von Volksverhetzung und anderen Straftaten geht. Hier hakt es. Wir haben manchmal die Situation, dass über mühselige Rechtshilfeverfahren, über verschiedene Ministerien und Botschaften im Ausland zunächst einmal um Auskunft ersucht werden muss. Das ist eigentlich schon fast der Tod eines jeden Strafverfahrens in diesem Bereich.

SASCHA HELLEN
Ist das Internet der Katalysator für Antisemitismus?

SABINE LEUTHEUSSER-SCHNARRENBERGER
Ich würde das Internet alleine nicht dafür verantwortlich machen, aber natürlich hilft es sehr bei der Beschleunigung, wenn es um die allgemein beklagte Polarisierung inhaltlicher Auseinandersetzungen und auch die Radikalisierung geht. Das erleben wir im rechtsextremistischen

Bereich mit Blick auf Fremdenfeindlichkeit, wenn es um Asylbewerber und Geflüchtete geht, und natürlich auch beim Thema Antisemitismus.

SASCHA HELLEN
Ist die Hemmschwelle niedriger geworden?

SABINE LEUTHEUSSER-SCHNARRENBERGER
Es gibt eine Studie von Julia Bernstein zum Thema »Antisemitismus an Schulen in Deutschland«. Da ist ganz eindeutig wahrnehmbar, dass sich Antisemitismus in den letzten Jahren viel stärker verbreitet hat – sichtbarer verbreitet hat. Natürlich werden wir darauf aufmerksam, wenn es in den Medien thematisiert wird. Zum Beispiel wenn ein Rabbiner in öffentlichen Verkehrsmitteln oder auf der Straße beschimpft und angegriffen wird. Aber sehr oft beklagen sich auch Schulleiter bei mir, wie hilflos sie sind, wenn »Du Jude!« als Schimpfwort über den Schulhof hallt. Und hier kommen wir alle ins Spiel: Politik, Zivilgesellschaft, Kirchen, Medien und selbstverständlich die Eltern. Wir müssen uns diesem Antisemitismus entgegenstellen. Wir dürfen nicht müde werden und solches Verhalten akzeptieren. Das sind keine Einzelfälle, und es darf auf keinen Fall die Normalität werden. Wir brauchen eine stärkere Prävention, und wir müssen reagieren. Reicht die Infrastruktur, die wir haben, zur Erfassung antisemitischer Vorfälle und Straftaten aus? Nein, wir müssen sie zum Beispiel mit einem Meldesystem nach einheitlichen Standards in allen Bundesländern verbessern. Welche Projekte können wir auf den Weg bringen, um schon möglichst früh Jugendliche aufzuklären? Das klingt so abgedroschen, aber die Generationen,

die heute in Schulklassen sitzen, sind unsere Zukunft. Hier müssen wir ansetzen, hier müssen wir investieren.

MARGOT FRIEDLÄNDER
Die Welt ist doch nicht schön. Es passiert so viel ... Die einen sind gegen die, und die anderen sind gegen die ... Warum? Das habe ich bis heute nicht verstanden. Daher habe ich für mich auch viel mehr Fragen als Antworten.

SASCHA HELLEN
Können Sie uns Hass erklären?

MARGOT FRIEDLÄNDER
Ich kann es nicht erklären. Könnt ihr es mir erklären?

Es folgt eine kurze Stille. Denn der Begriff ist zu groß. Wer sollte ihn erklären können? Niemand von uns weiß eine Antwort.

SASCHA HELLEN
Frau Friedländer, wenn Sie das politische Klima in Deutschland beobachten: Die AfD im Bundestag und in den Länderparlamenten – macht Ihnen das Angst?

MARGOT FRIEDLÄNDER
Das hat sich in den letzten drei, vier Jahren so entwickelt. Als ich nach Deutschland zurückkam, war es noch nicht so. Es ist erschütternd für uns, ganz klar.

SASCHA HELLEN
Auf dem Weg hierher habe ich im Herzen von Berlin

eine Demonstration von Rechten gesehen. Nazis und Demokratiefeinde am Brandenburger Tor. Haben Sie Sorge, wohin sich dieses Land entwickelt?

MARGOT FRIEDLÄNDER
Es tut mir leid, ich bin traurig darüber. Traurig ist sicherlich der richtige Begriff. Nach all dem, was Deutschland durchgemacht hat, nach all dem, was die Geschichte uns aufgezeigt hat. Ich kann es schlichtweg nicht verstehen. Was sind das für Menschen, und was suchen sie? Ihre politischen Ideale liegen doch anscheinend in der Vergangenheit, das müssen auch sie irgendwann einmal begreifen. Und sie können nicht immer anderen die Schuld geben.

SABINE LEUTHEUSSER-SCHNARRENBERGER
Erzählen Sie uns doch bitte von Ihrer Kindheit. Haben Sie positive Erinnerungen an diese Zeit?

MARGOT FRIEDLÄNDER
Ja. Ich hatte eine normale, nette Kindheit. Das kann man sicherlich so sagen. Aber sie war zu kurz. Als Hitler an die Macht kam, war ich erst zwölf Jahre alt. Das Licht der Welt erblickte ich am 5. November 1921 in der Wohnung meiner Eltern. Das war damals nichts Ungewöhnliches, die wenigsten Kinder wurden in Spitälern geboren. Die Wohnung lag in der Lindenstraße 43. Später haben mir Freunde erzählt, dass dies eine ruhige Straße war. Ich selbst habe keine Erinnerung mehr an diese Wohnung, denn ich war zu jung – wir zogen schon kurze Zeit nach meiner Geburt in eine größere Wohnung in der Geiger-

straße, die liegt im Stadtteil Neukölln. Mein Bruder kam im jüdischen Krankenhaus zur Welt. Ralph wurde am 7. August 1925 geboren. Die schönste Wohnung, an die ich mich erinnern kann – und das waren sicherlich auch die schönsten Jahre meiner Kindheit und meines jungen Lebens –, war allerdings in einem Haus am Köllnischen Park. Dort wohnten wir lange ... wie lange genau, weiß ich nicht mehr. Meine Eltern haben genau ein Jahr und einen Tag vor meiner Geburt, also am 4. November 1920, geheiratet. Man könnte geradezu sagen, es war ein »Blind Date«, denn damals hat es in Berlin einen Generalstreik gegeben, die Stadt war dunkel. Die Synagoge lag in der Lindenstraße, nur wenige Häuser entfernt von dem Haus, in dem ich damals zur Welt kam. Meine Mutter hat mir erzählt, dass während der Hochzeit in der Synagoge der Raum nur mit Kerzen beleuchtet gewesen sei. Es muss eine besondere Stimmung gewesen sein.

SASCHA HELLEN
Wurde Ihre Kindheit durch ein zionistisches Elternhaus geprägt?

MARGOT FRIEDLÄNDER
Meine Kindheit war zunächst geprägt von einer großen Verwandtschaft. Viele Cousinen und Cousins. Ich erinnere mich an zahllose Begegnungen innerhalb der Familie. Mein erster Tanz war mit einem Cousin, da war ich 14 und er 24 oder 25. Solche Bilder kommen mir in meinen Erinnerungen wieder, im Traum. Die unbeschwerten Jahre. Meine Großeltern mütterlicherseits waren fromm. Insbesondere mein Großvater war ein frommer Mann.

Er ist jeden Freitag in die Synagoge gegangen, war dort auch im Vorstand. Er war eine Erscheinung. Immer fein angezogen, der Anzug hat korrekt gesessen, Opa trug Zylinder. Eine Person, vor der wir als Kinder Respekt hatten. In der Synagoge gab es eine klare Einteilung: Die Männer haben unten gesessen, die Frauen oben. Solange ich denken kann, hatten wir immer dieselben Plätze. Opa hat in der ersten Reihe gesessen und sich manchmal umgedreht und zu uns hochgeguckt. Ich saß mit Oma Adele dort auf der Empore, und natürlich beobachteten wir ihn. Neben Opa saß mein Bruder Ralph. Vier Jahre trennten uns Geschwister. Das ist nicht viel, kam mir aber damals wie eine Ewigkeit vor. Selten unternahmen wir etwas gemeinsam, aber ich hatte ein Gefühl von Stolz, wenn ich mit ihm unterwegs war.
Für meine Großeltern war der Besuch in der Synagoge Pflicht. Es wäre undenkbar gewesen, wenn sie den Shabbat nicht mit dem Gebet begonnen hätten. Meine Eltern und wir Kinder hingegen waren eigentlich nur an den hohen jüdischen Feiertagen in der Synagoge. Mein Vater wurde religiös erzogen, ist aber später nur noch an den Feiertagen in den Tempel gegangen. Meine Mutter hatte einen kosheren Haushalt, den sie später aufgegeben hat. Eigentlich eine komische Geschichte, die jedoch viel über die Umstände der damaligen Zeit aussagt: In der Inflation ist Mama einkaufen gegangen, beim kosheren Schlächter. Es war ihr wichtig, die Speisevorschriften einzuhalten. Da ist vor dem Geschäft das Auto vorgefahren, welches frisches Fleisch angeliefert hat. Denselben Wagen hat sie dann ein paar Minuten später auf dem Heimweg beim unreinen Schlächter stoppen sehen, wo er ebenfalls

Fleisch geliefert hat. Da ist meiner Mutter der Kragen geplatzt. Wie kosher kann das teurere Fleisch sein, wenn es im Auto neben dem triefenden Fleisch hängt?! Das war das Ende der Frömmigkeit. Mein Großvater hat seitdem nicht mehr bei uns gegessen, nur noch Kaffee getrunken.

SABINE LEUTHEUSSER-SCHNARRENBERGER
Wurden Sie streng erzogen?

MARGOT FRIEDLÄNDER
Nein, das kann man nicht sagen. Es fing mit der Machtübernahme Hitlers 1933 an, dass die ersten Probleme in der Ehe unserer Eltern für uns Kinder deutlich wurden. Das Unheil nahm in beiderlei Richtung seinen Lauf. Ich war zwölf Jahre alt, und meine Eltern trennten sich. Zusammen mit meinem Bruder und Mutti bin ich dann aus der Stadt nach Charlottenburg gezogen. Nach knapp zwei Jahren haben sich die Eltern wieder versöhnt – oder besser gesagt zusammengerauft uns Kindern zuliebe –, und wir sind wieder in die Stadt gezogen. Das war sehr schön, den Vater beim Abendbrot wieder mit am Tisch sitzen zu haben. Sie haben in einem Schlafzimmer geschlafen, es ging eine Weile wieder gut. Doch eines Tages schlief mein Vater in einem anderen Zimmer. Der Kontakt zwischen meinen Eltern wurde weniger und weniger ...

SABINE LEUTHEUSSER-SCHNARRENBERGER
Sie haben nicht mehr miteinander gesprochen?

MARGOT FRIEDLÄNDER
Ja, die Kommunikation ist regelrecht eingeschlafen. Mei-

ne Eltern haben sich mehr und mehr entfremdet – und eines Tages kam mein Vater nicht mehr nach Hause. Die Ehe wurde im September 1937 geschieden. Für uns Kinder war es ein sehr anstrengendes Hin und Her, das schließlich ein trauriges Ende nahm.

SASCHA HELLEN
Sie sind mit Ralph bei Ihrer Mutter geblieben. Gab es auch die Option, dass Sie zu Ihrem Vater ziehen?

MARGOT FRIEDLÄNDER
Nein, das stand überhaupt nicht zur Debatte. Mein Vater war viel auf Reisen, war in Schweden, Dänemark und Holland unterwegs. Er hatte das Knopfgeschäft meiner Mutter übernommen und ausgebaut. Zwei Kinder hätte er nicht erziehen können und sicherlich auch nicht wollen. Mein Vater ist später nach Belgien gegangen, und wir haben ihn nie wiedergesehen.

SABINE LEUTHEUSSER-SCHNARRENBERGER
Und erst nach dem Krieg haben Sie erfahren, dass auch Ihr Vater in Auschwitz ums Leben gekommen ist.

SASCHA HELLEN
1939 war das, als Ihr Vater nach Belgien gegangen ist. Wie ging es für ihn weiter?

MARGOT FRIEDLÄNDER
Ehrlich gesagt: Genau weiß ich es nicht, was mit ihm passiert ist. Nach Belgien ist er gegangen, nachdem sein Geschäft arisiert worden war. Am Ende ist er nach

Auschwitz gekommen, dort wurde er umgebracht. Er war auch in Frankreich, in drei Lagern. Er hat unter anderem aus Gurs einen Brief an die Verwaltung geschrieben und um Arbeit gebeten. Diese Dokumente wurden mir später zugänglich gemacht, als es um Fragen der Wiedergutmachung ging, und ich habe den Brief gesehen, den er verschickt hat, mit seiner Handschrift, mit seiner Unterschrift. Er ist heute in meinem Besitz. Uns hat er damals aus Belgien nur eine Handvoll Postkarten geschickt, sehr emotionslos. Ich kann mir nicht erklären, warum er so hart uns gegenüber war oder warum er so hart zu sich selbst war. Er hat es anscheinend nicht übers Herz gebracht, Nähe auszudrücken. Dabei waren wir seine Kinder, seine Familie. Ich weiß nicht, was mit meinem Vater los war, warum er sich uns gegenüber so distanziert verhalten hat. Mich hat das sehr verletzt – vor allem nach dieser wunderbaren Kindheit, die ich mit ihm verleben durfte. All diese Erinnerungen, diese facts machen es für mich so schwierig, ein klares und objektives Bild von meinem Vater zu haben. Ich bin schlichtweg zerrissen. Auf der einen Seite schließe ich die Augen und sehe, wie liebevoll und zärtlich er zu mir war. Dann wiederum diese eiskalte Ablehnung und der Kontakt, den er auf ein Minimum reduziert hat. Wie gerne würde ich ihn manchmal fragen: Vater, was hast du dir dabei gedacht? Aber ich habe im Laufe der letzten Jahre auch erkannt, dass es auf viele Fragen keine Antwort gibt und dass ich sehr oft einfach nur Entscheidungen akzeptieren muss. Es gibt nicht zu jeder Entscheidung eine rationale Erklärung. Mein Vater war ein getriebener Mensch, zumindest habe ich diesen Eindruck. Vielleicht hat er bereut, dass er zu spät reagiert hat. Vielleicht hat er auch in Belgien und Frankreich erkannt, dass er uns die Chance zur Ausreise, zur Flucht und damit zum Überleben verbaut hat. Wie gesagt, ich weiß es nicht, es ist reine Spekulation. Mein Vater ist in Auschwitz direkt in die Gaskammer geschickt worden. Manchmal frage ich mich auch: Was waren seine letzten Gedanken? Galten sie uns?

Schweigen. Margot Friedländer blickt aus dem Fenster in den grauen Berliner Himmel. Man spürt, das Thema lässt sie nicht zur Ruhe kommen. Trotz ihres hohen Alters hört man in ihren Schilderungen immer das Mädchen.

SABINE LEUTHEUSSER-SCHNARRENBERGER
Sie hatten ja als Kind anscheinend ein wirklich gutes Verhältnis zu Ihrem Vater?

MARGOT FRIEDLÄNDER
Er war ein wunderbarer Vater, und ich liebte ihn sehr.

SABINE LEUTHEUSSER-SCHNARRENBERGER
Würden Sie sagen, Sie waren ein Vaterkind?

MARGOT FRIEDLÄNDER
Ja, ich war immer ein Vaterkind. Er hat mich auch sehr verwöhnt. Immer sonntags, am Morgen, bin ich zu ihm ins Bett gekrochen, und wir haben »Hoppe, hoppe Reiter« gespielt. Einmal wollte ich am Samstagabend

unbedingt bei meiner Oma bleiben – Oma Adele, der wichtigste Mensch für mich neben meiner Mutter. Als ich ins Bett gehen sollte, konnte ich nicht einschlafen. Ich habe nicht geweint, aber ich saß nur da und habe immer wieder gesagt: »Schade, schade ...« – »Mein Kind, was ist denn so schade?«, hat meine Großmutter gefragt. Und dann kam raus: Ich hätte doch nach Hause gehen sollen, denn sonst konnte ich am Sonntagmorgen nicht zu Papa ins Bett. Meine Großmutter hat meine Eltern angerufen, und Papa hat mich noch am selben Abend abgeholt. Oma Adele hat mir das jahrelang erzählt, sie wollte es später in meine Hochzeitszeitung drucken. Aber dazu kam es dann ja nie ...

Heute hab' ich Schwierigkeiten, was meinen Vater angeht ... Wie sind meine Gefühle für ihn? Wie kann ich zu ihm stehen?

SASCHA HELLEN
Hat er die Familie im Stich gelassen?

MARGOT FRIEDLÄNDER
Ja. Er hat nie versucht, uns rüberzuholen nach Belgien. Auch nicht, als die Lage in Berlin zunehmend bedrohlicher wurde für uns. Es gab später eine Chance, dass wir nach Shanghai hätten ausreisen können. Dafür war aber die Genehmigung meines Vaters vonnöten, weil wir Kinder noch nicht volljährig waren. Damals war die Volljährigkeit erst mit dem 21. Lebensjahr erreicht. Ab und zu erhielten wir eine Nachricht von ihm aus Belgien, und so schrieb ihm meine Mutter einen Brief, erklärte die Situation und bat um seine Zustimmung. Die

Antwort kam prompt: »Was willst Du mit zwei Kindern in Shanghai, verhungern kannst Du auch in Berlin!« Das war das Ende – es war keine Auswanderung mehr möglich, das Zeitfenster schloss sich. Wir mussten in Berlin bleiben. Erst später haben wir erfahren, dass mein Vater auch in Frankreich in drei Lagern inhaftiert worden war, bis er nach Auschwitz gebracht wurde. Auch er konnte sich nicht retten. Ich liebte meine Mutter sehr, und natürlich liebte ich auch meinen Vater. Aber: Er hat uns enttäuscht. Nachdem sein Geschäft arisiert worden war, hatte er einen Reisepass erhalten. Darin war ein »J« für »Jude« vermerkt. Er sollte damit nach Schweden, Dänemark und Holland reisen, um den neuen Geschäftsführer – einen Deutschen – bei seinen Kunden einzuführen. Ausgerechnet mein Vater, der nie hatte fortgehen wollen, hatte nun die Möglichkeit, das Land zu verlassen. Uns war klar, dass die Reise eine Chance für ihn sein könnte. Wir haben gedacht, er würde für sich ein Arrangement finden und vermutlich in Dänemark bleiben ... Letztendlich wissen wir nicht, was genau passiert ist.

SABINE LEUTHEUSSER-SCHNARRENBERGER
Sie sind jetzt fast 100 Jahre alt. Haben Sie sich heute mit dem Vater versöhnt?

MARGOT FRIEDLÄNDER
Ich hadere.

SABINE LEUTHEUSSER-SCHNARRENBERGER
Immer noch?

MARGOT FRIEDLÄNDER
Immer noch. Aber nicht mehr so oft. Wenn ich darüber spreche, so wie mit euch jetzt, ist es für mich schwer, einen Strich zu machen. Einfach zu sagen: Es war okay. Ich denke eher: Warum …? Wenn Eltern sich heute scheiden lassen – das passiert ja viel öfter als zur damaligen Zeit –, dann ist es etwas anderes. Heute haben wir uns irgendwie schon daran gewöhnt, wir leben anders, teilweise auch anonymer. Zur damaligen Zeit hatte Familie einen anderen Wert. Das klingt vielleicht altmodisch oder konservativ, aber die Familienstrukturen waren einfach sehr eng, und das Miteinander in der Familie – ganz egal ob jüdisch oder christlich – wurde stärker gelebt. Ich frage mich immer, was sich mein Vater gedacht hat. Er muss doch auch die Zeichen der Zeit gespürt haben. Er hat seine Geschwister im Stich gelassen, die eine Behinderung hatten und deshalb nicht auswandern konnten. Das hat einfach nicht zu ihm gepasst. Es ging bis 1938 gut, und er hat immer gesagt: »Die meinen uns nicht.« Mein Vater hat es nicht geglaubt, als Tante Jetti, die Schwester meiner Mutter, nach Brasilien gegangen ist. Ganz im Gegenteil, er hat damals noch meinen Onkel kritisiert, das war 1935. Mein Vater hat zu ihm gesagt: »Ich kann dich nicht verstehen. Du gibst dein gutes Geschäft auf.« Für meinen Vater war es unvorstellbar, dass mehr passieren konnte als der Druck, der damals auf uns Juden ausgeübt wurde. Natürlich konnten wir uns alle nicht vorstellen, was da noch kommt. Natürlich hatten wir nicht den leisesten Schimmer, mit welcher Härte und Brutalität die Nazis agieren würden. Mein Onkel hat

damals zu meinem Vater gesagt: »Ich kann hier nicht mehr leben.« Das hätte für meinen Vater eigentlich der Warnschuss sein müssen. Aber er konnte oder wollte ihn nicht hören.

SASCHA HELLEN
War Ihre Mutter rationaler?

MARGOT FRIEDLÄNDER
Ja, sie hat immer übers Auswandern gesprochen, was mein Vater ja völlig abgelehnt hat. Meine Mutter hat früher erkannt, dass man den Nazis nicht trauen kann. Natürlich hat auch sie lange gezögert, aber ich spürte ihre innere Unruhe. Spätestens 1938 war dann klar, dass sie mit uns wegwill. Der eisige Wind der Ablehnung durch die Nazis wehte uns direkt ins Gesicht. Wir haben gespürt, wir sind hier nicht mehr willkommen, und wir hatten ein ungutes Gefühl. Man kann es Angst nennen.

SASCHA HELLEN
Die Ehe zwischen Ihren Eltern, war das eine arrangierte Ehe?

MARGOT FRIEDLÄNDER
Nein, nein. Keineswegs. Mein Vater kam aus Langen, war im Krieg und danach bei einer Firma in Frankfurt beschäftigt. Er wollte eigentlich Medizin studieren. Allerdings ist sein Bruder im Ersten Weltkrieg umgekommen, und mein Vater war der head of the family – also derjenige, auf den alles hinauslief …

SASCHA HELLEN
Ihr Vater hat im Ersten Weltkrieg für Deutschland gekämpft. War er ein Patriot?

MARGOT FRIEDLÄNDER
Ja. Mein Vater war sehr deutsch – meine Mutter übrigens auch. Und selbst als die Nazis an die Macht kamen und die ersten Beschränkungen für die Juden ausgegeben wurden, hat mein Vater immer gesagt: »Die meinen uns nicht, die meinen die Ostjuden. Wir sind Deutsche.« Das war seine klare Haltung. Er war ein stolzer Verteidiger des Vaterlandes, er wurde sogar mit dem Eisernen Kreuz ausgezeichnet. Die Familie hat Leben im Ersten Weltkrieg gelassen – Menschenleben für Deutschland. Wir Kinder haben oft zu meinem Vater gesagt: Erzähl uns »Moschelsches« – also kleine Geschichten – aus dem Krieg ... Das ist doch alles ein Wahnsinn, wenn man sich vorstellt, dass die Familie meines Vaters für Deutschland in den Krieg gezogen ist, Opfer gebracht hat – und ebenjenes Deutschland hat uns später solches Leid zugefügt.

SABINE LEUTHEUSSER-SCHNARRENBERGER
Wie ging es nach dem Krieg für den Vater weiter? Wie haben sich Ihre Eltern getroffen?

MARGOT FRIEDLÄNDER
Die Firma hat meinen Vater nach Berlin geschickt, um eine Niederlassung zu gründen. Meine Mutter war ja unglücklich, dass ihre Liaison zu ihrem Cousin Walter nicht von der Familie geduldet wurde. Sie hat dann mei-

nen Vater kennengelernt, viel Zeit dazwischen kann sie nicht gehabt haben. Es muss alles relativ schnell gegangen sein.

SABINE LEUTHEUSSER-SCHNARRENBERGER
Walter, der Ihrer Mutter auch die Kette geschenkt hat …

MARGOT FRIEDLÄNDER
Ach, die Kette … Das ist das Einzige, was mir von Mutti geblieben ist. Ich trage sie fast jeden Tag. Und ja, die Kette war ein Geschenk von Cousin Walter. Sie hat diese Kette geliebt, wahrscheinlich auch, weil so viele Emotionen an diesen Steinen hängen. Mutti musste sich dem Druck der Familie beugen. Schon alleine das muss für sie eine unheimliche Last gewesen sein.

Margot Friedländer schweigt einen Moment. Sie nimmt ihre Kette ab. Ein Band aus großen gelben und rostroten Bernsteinen, die im Licht der Stehlampe schimmern. Fast täglich trägt sie das Schmuckstück. Mutter Guschi war schwer verliebt in ihren Cousin ersten Grades, Walter. Ein No-Go in der Familie, die Liebe konnte dem Druck nicht standhalten. Walter und Guschi wollten und konnten sich nicht durchsetzen. Die Liebe hatte keine Zukunft, zu groß war innerhalb der Familie die Sorge, dass gemeinsame Kinder womöglich mit Behinderungen zur Welt kommen könnten. Guschi durfte diesen Mann nicht lieben. Ob sie ihn je vergessen hat? Margot Friedländer weiß es nicht. Vermutlich nicht … aber das sei »eher so ein Gefühl«, sagt sie – denn warum sonst hätte ihre Mutter an dem Tag, an dem sie Ralph folgte und sich stellte, ausgerechnet diese Kette bei sich tragen und sie für Margot hinterlassen sollen? Sie muss ihr ganz besonders wichtig gewesen sein. Margot Friedländer hütet die Kette wie einen Schatz. Während sie weiterspricht, hält sie sie in der Hand. Wie bei einem Rosenkranz lässt sie die schweren Steine durch ihre Finger gleiten.

MARGOT FRIEDLÄNDER
Meine Mutter musste schweren Herzens versuchen, Walter aus ihrem Leben zu streichen. Auch hier stelle ich mir oft die Frage: Wie gehen Menschen mit solchen Entscheidungen um? Woher nehmen sie den Mut, dann im Alltag weiterzumachen? Das muss doch ein furchtbar beklemmendes Gefühl sein, wenn man seine Emotionen unterdrücken muss.

SASCHA HELLEN
Gibt es Tage, an denen Sie die Kette nicht tragen?

MARGOT FRIEDLÄNDER
Ich habe auch noch eine zweite Kette, eine Art Medaillon mit zwei Fotos – ich habe es bekommen, als meine Schwägerin Ilse gestorben ist, es hatte ihr gehört: auf der einen Seite Adolf, auf der Rückseite meine Mutter. Eines dieser beiden Erinnerungsstücke trage ich immer. Die Bernsteinkette muss meiner Mutter sehr viel bedeutet haben. Wissen Sie, in jedem Leben gibt es irgendwelche Geschichten, die Sinn machen oder nicht. Und es ist doch eine ganze Menge, wenn man sich überlegt, was gewesen ist und was hätte sein können. Es ist

traurig. Meine Mutter war eine außergewöhnliche Frau, eine wunderbare Mutter, sehr liebevoll. Ich war als Kind einmal krank, sehr krank. Sie hat mich aufopfernd gepflegt, ich habe in Vaters Bett geschlafen. Sie hatte so viel Liebe in sich, und dann durfte sie den Cousin nicht heiraten.

SASCHA HELLEN
Frau Friedländer, Sie haben keine Kinder. Was wird mit der Kette passieren?

MARGOT FRIEDLÄNDER
Mein Mann war elfeinhalb Jahre älter und wollte nach der Befreiung und dem Neustart in Amerika erst einmal wieder eine Existenz und ein Leben aufbauen. Er wollte kein alter Papa sein, das hat ihn schlichtweg nicht interessiert. Für mich war das in Ordnung, ich wollte auch keine Kinder. Das war also für uns kein Thema mehr. Natürlich gab es hin und wieder mal Momente, wo ich gedacht habe, es wäre vielleicht doch ganz schön ... Aber wenn ich ehrlich zu mir bin: Hätte ich Kinder in Amerika bekommen, wäre ich definitiv nicht zurückgekommen. Und es gab noch einen emotionalen Grund: Ich hatte Angst. Ich hatte Angst, meine Kinder könnten aufgrund zweier behinderter Familienmitglieder vonseiten meines Vaters ebenfalls behindert auf die Welt kommen.
Ja, die Kette ... Ich mache mir in dieser Zeit natürlich Gedanken, was aus all den Dingen wird, wenn ich eines Tages nicht mehr hier bin. Aus der Kette, den Fotos, den Dokumenten ... Ehrlich gesagt: Ich weiß es noch nicht.

SASCHA HELLEN

Ich würde gerne noch einmal auf Ihre Mutter zu sprechen kommen. Was für eine Frau war sie?

Stille im Raum. Margot Friedländer sammelt ihre Gedanken. Die Mutti. Die Frau, die sie abgöttisch geliebt hat. Die Frau, die dem Bruder in den Tod gefolgt ist.

MARGOT FRIEDLÄNDER

Meine Mutter war eine sehr selbstständige Frau, eine starke Frau. Heute würden wir von einer modernen und emanzipierten Frau sprechen. Das hat mich geprägt, keine Frage. Sie hatte ihren eigenen Willen, und sie konnte anpacken. Stillstand gab es für sie nicht. Meine Mutter hat sich nie vor Arbeit gescheut, hat drei Unternehmen aufgebaut. Sie stammte aus einem wohlhabenden Elternhaus, aber sie wollte sich nicht aushalten lassen. Mutti war der Meinung, dass sie ihren Lebensunterhalt durch eigene Arbeit bestreiten konnte, und eröffnete schon mit Anfang 20 ein Knopfgeschäft. Mode spielte damals eine große Rolle, und die großen Firmen benötigten stoffbezogene Knöpfe für Kleider und Kostüme. Meine Mutter hatte keine Ausbildung absolviert, brachte sich aber in kürzester Zeit das Handwerk selbst bei. Sie eröffnete ein Geschäft in der Grünstraße, einem Viertel, in dem viele jüdische Schneider und Modeateliers ihren Sitz hatten. Doch sie ging noch einen Schritt weiter, denn zum Ladenlokal gehörte auch eine kleine Wohnung. So konnte sie von zu Hause ausziehen und stand zum ersten Mal auf eigenen Füßen, was für eine Frau in dieser Zeit keine Selbstverständlichkeit war. Sie war unabhängig. Und diesen Geist hat sie immer auch gelebt, so habe ich sie wahrgenommen. Meine Mutter war ein Freigeist. Das kann man zu Recht behaupten. Und sie hatte Erfolg, denn schon bald konnte sie die Arbeit nicht mehr alleine bewältigen, musste sich Mitarbeiter suchen. Doch Mutti hatte auch immer das Herz am rechten Fleck und war bekannt dafür, dass man sie um Hilfe bitten konnte. Sie fand immer eine Lösung und konnte einfach nicht Nein sagen. Als Muttis Schwester Jetti Hilfe brauchte, da sie mit den Kindern mittellos in Berlin saß, der Mann im Krieg an der Front kämpfte, überließ sie ihr das Geschäft und eröffnete mit einem Teil ihrer Kunden einfach ein zweites.

SABINE LEUTHEUSSER-SCHNARRENBERGER
Heute würden wir von einer Start-up-Unternehmerin sprechen.

MARGOT FRIEDLÄNDER
Ja, so nennt man das heute wohl. Mutti war eine mutige Frau.

SASCHA HELLEN
Sie hatten auch einen jüngeren Bruder …

MARGOT FRIEDLÄNDER
Ralph. Er war ganz anders als ich. Sehr ruhig, sehr überlegt, brillant. Ein brillanter Mathematiker, ein »Studius«. Er war mit Hans Rosenthal in einer Klasse, ich habe ihn

einmal in einem Buch von Hans Rosenthal auf einem Klassenfoto entdeckt. Hans hat viele Jahre später zu mir gesagt: »Wer kannte Ralph nicht?! Er war doch immer der Primus! Er war einfach außergewöhnlich.« Ich bin mir sicher, aus Ralph wäre was geworden, wir hätten stolz auf ihn sein können.

SASCHA HELLEN
Hatte Ralph eine besondere Nähe zu Ihrer Mutter?

MARGOT FRIEDLÄNDER
Ralph war sehr sensibel, sehr zart. Meine Mutter hatte immer das Gefühl, sie muss ihm behilflich sein und ihn auch beschützen. Ich hingegen bin anders aufgetreten. Ich würde nicht unbedingt sagen, dass ich forsch war, aber ich konnte mich durchsetzen. Ralph lebte teilweise in seiner eigenen Welt, das war die Welt der Zahlen, die Welt der Wissenschaft. Er hat gelesen und Geige gespielt. Darin ist er aufgegangen. Er war keiner dieser Jungs, die raufen wollten.

Wehmütig schweift Margot Friedländers Blick durch den Raum. Man spürt, dass Ralph tief in ihrer Erinnerung, in ihrem Herzen ist. Dann richtet sie das Wort an uns.

MARGOT FRIEDLÄNDER
Habt ihr beide Geschwister?

SASCHA HELLEN
Ja, einen älteren Bruder.

SABINE LEUTHEUSSER-SCHNARRENBERGER
Ich habe zwei Schwestern, Ruth und Christa.

MARGOT FRIEDLÄNDER
Und wie war es bei Ihnen zu Hause?

SABINE LEUTHEUSSER-SCHNARRENBERGER
Politik spielte bereits in meiner Jugend eine Rolle, und zu Hause wurde sehr viel diskutiert. Unser Vater hat uns nicht geschont – und das meine ich im positiven Sinne. Aktuelle Themen wurden angesprochen, meist sonntags. Frühstück oder Mittagessen konnten sich über Stunden hinziehen, und wir haben ausgiebige Gespräche geführt.

SASCHA HELLEN
Kurze Zwischenfrage an Frau Friedländer: Haben sich Ihre Eltern politisch interessiert oder gar engagiert?

MARGOT FRIEDLÄNDER
Nein, meine Eltern waren beide total unpolitisch. Sie haben zwar das Weltgeschehen verfolgt, aber über Politik wurde bei uns nicht gesprochen. Auch die Großeltern haben nie in meiner Anwesenheit über Politik diskutiert. Wenn wir da waren, dann stand ausschließlich die Familie im Vordergrund.

SABINE LEUTHEUSSER-SCHNARRENBERGER
Ihre Eltern waren demnach auch nie offen in kritischer Distanz zum System – sodass man sich wahrscheinlich auch eine Zeit lang gar nicht vorstellen konnte, dass der Familie Gefahr droht.

MARGOT FRIEDLÄNDER
Nein, konnte man tatsächlich nicht. Oder sagen wir: Wir konnten es nicht.

SASCHA HELLEN
Soweit ich weiß, war das bei Ihnen zu Hause ganz anders, Frau Leutheusser-Schnarrenberger.

SABINE LEUTHEUSSER-SCHNARRENBERGER
Das kann man wohl sagen. Über Politik wurde bei uns schon immer sehr viel geredet. Aber mein Vater beharrte nicht darauf, seine Meinung bestätigt zu bekommen. Viel wichtiger war ihm, uns mit den Themen in Verbindung zu bringen und eine Diskussionskultur zu verankern. Er war konservativ, aber nicht autoritär. Natürlich hat er uns geprägt, und den Gesprächen am Esstisch verdanke ich die Lust und Leidenschaft, mich politisch und gesellschaftlich zu engagieren, zu streiten, mich für eine Sache einzusetzen. Mein Vater stammte aus Gotha, studierte in Prag und Würzburg, war später Rechtsanwalt und Notar in Minden. Sein Lebensweg war für mich prägend. Er hat mich mit seiner Begeisterung für die Juristerei angesteckt. Nebenbei war er kommunalpolitisch aktiv für die CDU. Er war in Minden im Stadtrat.

SASCHA HELLEN
Wurde bei Ihnen im Elternhaus Zeitung gelesen?

MARGOT FRIEDLÄNDER
Bei uns regelmäßig. Die große »Berliner Tageszeitung«, die damals zu den wichtigsten gehörte.

SABINE LEUTHEUSSER-SCHNARRENBERGER
Oh ja, mein Vater war auch ein leidenschaftlicher Leserbriefschreiber und hat die »FAZ«-Redaktion nicht geschont. Selbst als ich schon Ministerin war, hat er kritische Leserbriefe zu Themen veröffentlicht, die ich mitentschieden habe. Am meisten interessierten ihn die Kommentare zu den aktuellen Ereignissen. Aber nicht nur Zeitungen, er hat auch Bücher verschlungen. Diese Leidenschaft hat er auch an uns Kinder weitergegeben.

SASCHA HELLEN
Also die Politik von Kindesbeinen an gelernt?

SABINE LEUTHEUSSER-SCHNARRENBERGER
Ja, aber nicht dogmatisch. Ich erinnere mich, dass wir als Kinder während des Wahlkampfes zusammen mit meiner Mutter Wahlbriefe für Papa eingetütet und zugeklebt haben.

SASCHA HELLEN
Massenwurfsendungen?

SABINE LEUTHEUSSER-SCHNARRENBERGER
Ganz im Gegenteil. Persönlich unterschrieben, adressiert und mit direkter Ansprache. Das habe ich dann später auch erfahren, dass es wichtig ist, individuell dem Bürger zu antworten.
Man hat eine Verpflichtung dem Wähler und auch dem Nichtwähler gegenüber. Es war auch mir immer sehr wichtig, dass nicht die Nullachtfünfzehn-Standardschreiben verschickt wurden.

MARGOT FRIEDLÄNDER
Warum sind Sie dann damals nicht in die CDU eingetreten?

SABINE LEUTHEUSSER-SCHNARRENBERGER
Politisch ist die Familie in unterschiedliche Richtungen ausgeströmt. Meine ältere Schwester war Mitglied der SPD, meine jüngere sympathisierte mit den Grünen. Ich trat schließlich in die FDP ein, denn das war die Partei, die aus meiner Sicht am besten meine politischen Ansichten bündelte. Fragen zu Freiheit, Liberalität, aber auch zu Bürgerrechten wurden in der Partei bestens behandelt. Und dann gab es natürlich große politische Persönlichkeiten, die mich beeindruckt haben. Meinem Vater hat es gefallen, dass wir drei Töchter uns politisch interessiert haben. Es war ihm nicht wichtig, dass wir auch in die CDU eintraten. Wichtig für ihn war, dass wir Haltung entwickelten, für unsere Ziele eintraten und das politische Geschehen mitgestalten wollen. Das ist auch heute noch meine Meinung: Wer etwas verändern möchte, muss sich einbringen, und unsere Gesellschaft bietet eine Fülle von Möglichkeiten, aktiv zu werden. Das muss nicht zwangsläufig immer mit einem Mandat verbunden sein. Ich habe mir damals auch nicht vorstellen können, dass ich irgendwann einmal 23 Jahre lang im Deutschen Bundestag die Interessen von Wählerinnen und Wählern repräsentieren würde.

SASCHA HELLEN
Frau Friedländer, wann haben Sie damals zum ersten Mal gemerkt, dass sich das politische Klima in Berlin ändert, dass es für Sie gefährlich wird?

MARGOT FRIEDLÄNDER

Natürlich haben wir das gespürt, aber bis zum 9. November 1938, der sogenannten Reichskristallnacht, hatte mein Vater noch sein Geschäft. Und vor allem war mein Vater immer überzeugt davon, dass man uns gar nicht meint. Wir waren doch Deutsche! Er hatte wie gesagt im Ersten Weltkrieg für Deutschland gekämpft, einen Bruder verloren. Erst nach der Trennung meiner Eltern 1937 hat meine Mutter sich dann zum ersten Mal konkret Gedanken über die Auswanderung gemacht.

Seit 1939 mussten wir den Zusatz »Israel« oder »Sara« in unsere Ausweispapiere eintragen lassen. Die Vernichtung wurde von den Nazis bürokratisch organisiert. Und diesen Zusatz im Ausweis ließen sie sich obendrein auch noch bezahlen. Jüdisches Leben wurde nach und nach ausgedünnt, das begann schon nach 1933. Jüdischen Ärzten entzog man die Zulassung, auch jüdische Rechtsanwälte und Apotheker konnten nicht mehr arbeiten. Unsere Rechte wurden immer mehr eingeschränkt. Wurden wir krank, mussten wir einen jüdischen Arzt aufsuchen.

SABINE LEUTHEUSSER-SCHNARRENBERGER

Man versuchte systematisch, die Juden von den Nichtjuden zu trennen.

MARGOT FRIEDLÄNDER

Ja, es wurde eine Parallelgesellschaft geschaffen. Wir haben allerdings wenig davon mitbekommen. Wir haben uns ausschließlich in unserem großen jüdischen Familien- und Freundeskreis bewegt.

Meine Mutter hatte eine Schwester, die 1935 nach Brasilien ausgewandert ist: Tante Jetti. Anfang 1939 schickte sie uns einen Brief, in dem sogar die Einreisepapiere beilagen. Mutti ging sofort zum Polizeipräsidium und beantragte die Führungszeugnisse. Sie war stundenlang dort, musste warten, wurde immer und immer wieder befragt. Die Führungszeugnisse brauchten wir aber zum Auswandern. Sie bekam die Zeugnisse und ließ diese ins Portugiesische übersetzen. Dann ging alles ganz schnell. Sie bestellte die Packer bei einer Transportfirma. Der Zollbeamte war die ganze Zeit dabei, um die Packer zu beaufsichtigen. Denn Juden waren gesetzlich verpflichtet, Bilder, Gold, Silber und überhaupt alle Wertsachen abzugeben. Diese wurden konfisziert, und die Nazis zahlten dafür eine lächerliche Entschädigung. Der Zollbeamte durchsuchte also alle Schubladen, gab grünes Licht, und die Kisten wurden versiegelt und in ein Lager transportiert. Wir hatten Hoffnung. Wir haben geglaubt, jetzt geht's los. Mutti ging dann am Folgetag zur brasilianischen Botschaft, um die Visa zu beantragen. Der Beamte dort guckte sich die Unterlagen an, gab sie ihr zurück und sagte nur: »Fälschung – das sind keine echten Papiere!«

SABINE LEUTHEUSSER-SCHNARRENBERGER
Damit brach für Ihre Mutter eine Welt zusammen!

MARGOT FRIEDLÄNDER
Ja, denn die Papiere waren von ihrer Schwester. Warum sollten das Fälschungen sein? Aber Jetti war wohl in Brasilien auf einen Schwindler reingefallen und hatte

sich falsche Papiere andrehen lassen. Und natürlich auch einen stolzen Preis dafür bezahlt. Mutti war entsetzt. Sie hat Tante Jetti geschrieben in der Hoffnung, dass diese noch einmal versuchen würde, uns gültige Papiere zu schicken. Die Kisten waren im Lager, wir hatten die Führungszeugnisse, alles war fertig vorbereitet. Wir hatten nur kein Ziel. Sie bat Tante Jetti, ganz gut auf die Echtheit der Papiere zu achten, und mahnte sie zur Vorsicht. Die Antwort von Jetti kam ein paar Wochen später: »Ich kann nichts mehr für Euch tun. Die Papiere, die wir Euch geschickt haben, waren sehr teuer.« Aber meine Mutter hat sich nicht unterkriegen lassen. Ich habe sie nie verzweifelt erlebt. Immer hat sie versucht, einen neuen Weg zu finden. Eine Alternative. Brasilien war für uns gestorben, aber es musste einfach einen Weg aus Deutschland geben! Allerdings wurde die Zeit immer knapper. An manchen Tagen gab es zum Beispiel Visa für Guatemala oder Honduras, dafür brauchte man jedoch Dollar – die wir ja nicht hatten.

SASCHA HELLEN
Sie haben danach noch einmal versucht zu fliehen.

MARGOT FRIEDLÄNDER
Ja, aber es ist uns nicht gelungen. Meine Mutti hat alles versucht, um uns zu retten. Wir hatten geplant, in ein Arbeitslager zu gehen, nach Oberschlesien – bei Bielitz –, wo Verwandte waren. Aber ehrlich gesagt hätten wir dort auch nicht gewusst, was uns erwartet, und alleine die Bahnfahrt dorthin wäre schon gefährlich gewesen. Der Lagerleiter war ein SS-Mann, aber er hat mei-

nen Cousin sehr geschätzt. Einige meiner Cousins und viele ihrer Freunde waren schon fast ein Jahr dort, und dieser Mann hatte gesagt, er würde uns aufnehmen. Also hatten wir gehofft, dass wir dort überleben könnten.

SABINE LEUTHEUSSER-SCHNARRENBERGER
Und dann kam alles ganz anders, und Sie konnten sich noch nicht einmal mehr von Ihrer Mutter verabschieden.

MARGOT FRIEDLÄNDER
Nein, sie hat ja nicht auf mich gewartet. Ich wäre sonst mitgegangen, und das wollte sie wohl nicht. Sie hat mich nicht gefragt, aber sie hat mir dadurch eine Chance gegeben.

SASCHA HELLEN
Erzählen Sie uns von diesem 20. Januar 1943. Der Tag, an dem Sie nach Hause kamen und die Mutter und der Bruder sind abgeholt worden.

MARGOT FRIEDLÄNDER
Ich hab' ja schon nicht mehr zu Hause gewohnt, meine Mutti und mein Bruder schon. Wir wollten noch am selben Abend weg. Meine Mutti war ein paar Tage vorher wieder zurück nach Hause gegangen, weil sie der Meinung war, man habe sie dort, wo sie vorübergehend mit Ralph untergekommen war, bestohlen, und bei einer Diebin wollte sie nicht bleiben. Ich konnte das nicht verstehen. Was hätte man ihr schon viel stehlen können, aus dem Koffer?! Aber so war es eben. Ich habe gearbeitet, in der Fabrik. Zwangsarbeit, Nachtschicht. Nachdem ich ein

paar Stunden geschlafen hatte, bin ich zum Arzt gegangen und habe mich krankschreiben lassen, damit ich in der Fabrik nicht gleich am selben Abend vermisst würde, so hatten wir das verabredet. Dann ging ich nach Hause, denn wir wollten besprechen, wie wir uns treffen, wer wo einsteigt und so weiter – denn da wir keine Papiere hatten, war es besser, sich auf verschiedene Bahnhöfe zu verteilen. Und dann, als ich auf dem Weg nach Hause war, ging da in gewisser Entfernung ein Mann vor mir. Ich weiß nicht, warum, aber ich habe mir irgendwie gedacht: Wenn der ins Haus geht, sei vorsichtig!

SABINE LEUTHEUSSER-SCHNARRENBERGER
Innere Eingebung ...

MARGOT FRIEDLÄNDER
Ja, vielleicht. Der Mann ist dann tatsächlich ins Haus gegangen, und auch ich bin trotzdem hineingegangen. Ich ging die Treppe hoch und sah ihn vor unserer Wohnungstür stehen. Irgendwie habe ich diesen unbeschreiblichen Mut aufgebracht, ihn nicht zu beachten, sondern einfach weiterzugehen, an ihm vorbei, eine Etage höher. Dabei habe ich meine Handtasche fest an mich gedrückt, damit sie den Judenstern auf meinem Mantel verdeckt. Ich habe bei den Nachbarn geklingelt, die ich noch nicht einmal kannte, wir hatten ja noch keine zwei Jahre dort gewohnt. Aber die Nachbarin hat mich erkannt und Gott sei Dank die Tür aufgemacht, mich reingelassen. Und dann hat sie mir erzählt, was passiert war: Als meine Mutti nach Hause kam, war die Wohnung versiegelt, man hatte meinen Bruder kurz zuvor abgeholt. Die Nachbarin hatte auch

das mitbekommen und es Mutti berichtet. Sie ist sofort zu Bekannten gegangen – jüdische Leute, die zwei Häuser weiter gewohnt haben, unsere einzigen Bekannten dort. Ich bin noch eine Weile – bis es dunkel wurde – bei der Nachbarin geblieben (zu diesem Zeitpunkt stand der Mann dann nicht mehr vor unserer Wohnungstür) und dann ebenfalls zu diesen Bekannten gegangen, denn ich hatte gehofft, dort auf meine Mutter zu treffen. Aber sie war nicht mehr da. Die Frau sagte mir, sie habe eine Nachricht für mich hinterlassen. Keine handschriftliche Notiz, nur diese Worte: »Wenn Sie meine Tochter sehen sollten, sagen Sie ihr: Ich gehe mit Ralph, wohin das auch immer sein mag. Sie soll versuchen, ihr Leben zu machen.« Als ich gehen wollte, drückte mir die Nachbarin die Handtasche meiner Mutter in die Hand, in der ich ihre Bernsteinkette und das Notizbuch fand.

SASCHA HELLEN
Das heißt, das ist das Einzige, was Ihnen von Ihrer Mutter geblieben ist ...

MARGOT FRIEDLÄNDER
Ja. Die Kette und das Notizbuch, das in ihrer Tasche war. Mehr habe ich nicht von ihr.

SABINE LEUTHEUSSER-SCHNARRENBERGER
Was war das für ein Gefühl? Haben Sie geweint?

MARGOT FRIEDLÄNDER
Ich hab' nicht geweint. Ich konnte nicht weinen. Ich war total unfähig, überhaupt klar zu denken. Es war sehr kalt

und dunkel … ich war planlos. Wohin gehe ich jetzt? Wo soll ich schlafen? Ich kann mir bis heute nicht erklären, wie ich dorthin gekommen bin, aber einige Zeit später stand ich vor der Tür von jüdischen Freunden, wo ich die Nacht verbrachte. Am nächsten Morgen ging ich zu der einzigen angeheirateten christlichen Verwandten, Tante Anna, und hoffte, dass sie mir helfen würde. Tante Anna sagte: »Wenn du nicht bereit bist, deiner Mutter zu helfen, kann ich dir auch nicht helfen!« – »Wie soll ich ihr helfen?«, fragte ich. »Sie ist bei der Gestapo!« Worauf Tante Anna nur kurz und knapp antwortete: »Indem du mit ihr gehst.« Das hat mich jahrelang beschäftigt. Aber weil ich Muttis Worten gefolgt bin, habe ich es geschafft zu überleben. Abends ging ich zurück zu den Freunden, die mir beim Abendbrot einen Zettel gaben mit der ersten Adresse im Untergrund, wo ich mich verstecken konnte. Dazu der Ratschlag: »Merke dir diese Adresse und wirf den Zettel weg!«

SASCHA HELLEN
Danach haben Sie sich 15 Monate verstecken müssen. 15 Monate sind eine lange Zeit dafür, dass Sie jeden Tag Angst haben mussten, entdeckt zu werden.

MARGOT FRIEDLÄNDER
In dieser Zeit hatte ich dreimal ganz schreckliche Momente gehabt, wo die Gestapo im Haus war, und es hätte schiefgehen können. Doch ich hatte Glück! Einmal bin ich sogar vom Balkon gesprungen. Da die Wohnung im Hochparterre war, habe ich mir dabei aber nicht einmal wehgetan.

SASCHA HELLEN
Wie konnten Sie das nur alles durchstehen? Diese unglaublich lange Flucht, das Untertauchen, die Angst ...

MARGOT FRIEDLÄNDER
Ach Gott, es gab ja keine Alternative. Jedenfalls keine echte. Die zweite Möglichkeit wäre gewesen, mich zu stellen. Aber wir haben ja nicht gewusst, was auf mich gewartet hätte!

SABINE LEUTHEUSSER-SCHNARRENBERGER
Und schließlich wurden Sie doch noch gefasst und nach Theresienstadt deportiert. Was hat Ihnen die Kraft gegeben, diese Zeit zu überstehen?

MARGOT FRIEDLÄNDER
Zunächst muss ich sagen: Auch der Untergrund war keine Kleinigkeit, aber mich zu stellen, nachdem ich es angefangen hatte, wäre nur der letzte Ausweg für mich gewesen.
Theresienstadt war anders – aber ich weiß im Nachhinein gar nicht, was schlimmer war. Zumindest musste ich mich nicht mehr ununterbrochen verstecken und in der ständigen Angst leben, entdeckt zu werden. Und ich wollte leben! Ich war doch noch jung, ich hatte doch noch kein Leben gehabt. Ich war auch böse ... Warum bringt man mich wohin, wo ich gar nicht weiß, was ich erleben werde?! Wir haben doch nichts gewusst. Und dann ... was ließ mich überleben? Ich weiß es nicht. Viel Glück, viel Mut. Und der starke Wille, es zu schaffen. Theresienstadt war, als ob es nicht geschieht. Ich habe

jeden Tag getan, was man tun musste, ohne dass es mich wirklich berührt hat. Man hat gelebt, aber auch nicht gelebt. Es ist schwierig, zu erklären, wie die Gefühle waren, die mich bewegt haben. Ich hatte immer noch die Hoffnung, auch in Theresienstadt, leben zu wollen, weil ich vielleicht meine Angehörigen noch mal sehen werde.

SASCHA HELLEN
Haben Sie in Theresienstadt gebetet?

MARGOT FRIEDLÄNDER
Nein.

SASCHA HELLEN
Gab es im KZ Freundschaften oder waren das eher Zweckgemeinschaften?

MARGOT FRIEDLÄNDER
Nein, es gab keine Freundschaften, obwohl wir alle im selben Boot saßen. Man wollte sich nicht mit jemandem befreunden, nur um dann wieder »Auf Wiedersehen« sagen zu müssen, denn ständig sind ja Transporte aus dem Lager weggegangen.

SASCHA HELLEN
Wie haben Sie das Ende des Krieges, die Befreiung erlebt?

MARGOT FRIEDLÄNDER
Unbeschreiblich, einfach unbeschreiblich. Mein Mann und ich haben am Gitter am Ausgang gestanden, und

die russischen Soldaten sind dort vorbeimarschiert. Sie waren auf dem Weg zur Siegesparade nach Prag, und direkt am Lager Theresienstadt führte die Hauptstraße entlang. Ursprünglich führte die Straße sogar mitten durch das Lager hindurch, aber man hat das dann verändert und sie außen herumgeführt. Die Russen sind Tag und Nacht auf dem Weg nach Prag dort vorbeimarschiert: mit Pferden, mit Wagen, zu Fuß ... Es waren nur Soldaten, schwer bepackt, die da an uns vorbeizogen. Eigentlich sind wir ja schon zwei Tage vorher vom Internationalen Roten Kreuz befreit worden. Die sind gekommen, haben die SS-Fahne abgezogen und die Rote-Kreuz-Fahne an der Kommandantur aufgezogen. Das war für uns das Zeichen: Es ist vorbei! Das Rote Kreuz hat das Lager dann auch den Russen übergeben, und es gab eine kurze Phase, wo wir gar nicht genau wussten, was jetzt passiert. Ich weiß gar nicht, wie man das in Worte fassen soll. Das ist so schwer zu sagen. Es ist nicht zu beschreiben, wie es sich anfühlt, zu wissen, dass man plötzlich frei ist, nach all dieser Zeit. Das Tor war offen, aber wir sind nicht rausgegangen, denn wir konnten uns nicht von dem Anblick unserer Befreier trennen. Diese Soldaten auf Trucks und auf müden Pferden ... man konnte Männer und Frauen nicht unterscheiden. Es hat eine ganze Weile gedauert, bis wir tatsächlich realisiert haben: Wir sind frei. Wir können eigentlich das Lager verlassen, es wird nicht mehr auf uns geschossen. Aber dann war doch noch diese Unsicherheit in uns ... Wir wussten nicht, wohin. Wir wussten nicht, was geschehen würde. Nicht einmal unser spärliches Essen hat uns interessiert, und an Schlafen war nicht zu denken. Nach ein paar Stunden am Tor habe ich dennoch beschlossen, kurz schlafen zu gehen, um mich auszuruhen. Aber der Schlaf ist nicht gekommen, ich bin wieder aufgestanden, wir sind wieder zurück ans Tor, und wieder standen viele Menschen da, denen es genauso ging. Die einfach nur den Anblick der Befreier genossen.

SABINE LEUTHEUSSER-SCHNARRENBERGER
Können Sie Ihre Gefühle beschreiben?

MARGOT FRIEDLÄNDER
Es ist schwer zu sagen, ob es totale Glücklichkeit war oder auch Angst, was wir jetzt über unsere Angehörigen erfahren würden. Und: Was wird jetzt? Dieses Gefühl von »Ja, ich bin jetzt frei!« hat sich erst später eingestellt. Ich hatte zu viele Fragen. Was erwartet mich? Werde ich meine Mutter und meinen Bruder wiederfinden? Was wird aus mir? Wie wird es sein? Wo gehe ich hin? ... Ich habe wirklich einige Zeit gebraucht, um all diese Gefühle zu sortieren.

SASCHA HELLEN
Jetzt waren Sie plötzlich frei, und es herrschte totale Leere ...

MARGOT FRIEDLÄNDER
So kann man es eigentlich nicht beschreiben. Mein Mann hatte ja eine Schwester in den USA, und das war seine Hoffnung.
Bis wir Theresienstadt endgültig verlassen haben, vergingen dennoch mehrere Monate. In dieser Zeit machte

mein Mann mir auch den Heiratsantrag. Wir wollten das Lager gemeinsam, als Ehepaar, verlassen, am 28. Juni war es dann so weit – der Tag, bevor der letzte Rabbiner das Lager verließ. Er hat uns in einer jüdischen Zeremonie getraut. Ein Telegramm von Adolfs Schwester erreichte uns einen Tag nach der Hochzeit. So wussten wir: Es ist nun unser Ziel, nach Amerika zu gehen …
Mitte Juli haben wir das Lager im Viehwagen verlassen, diesmal aber komfortabler. Wir konnten auf Matratzen sitzen. Unser weniges Hab und Gut konnten wir ebenfalls mitnehmen. Wir waren mit älteren und jungen Menschen im Waggon. Die Türen wurden geschlossen, es war totenstill. Was waren unsere Gedanken …?
Ich erinnere mich noch: Wir sind im Schritttempo aus dem Bahnhof gefahren, und ich war froh, dass ich nichts sehen konnte. Ich wollte jetzt auch nicht mehr zurückblicken, keine Emotionen aufkommen lassen. Ich wollte einfach nur weg und ein neues Kapitel beginnen. Es war Sommer, draußen war es sehr warm, und nach einer Weile schoben wir dann doch die Waggontür einen Spalt auf. Die Landschaft rauschte an uns vorbei. Bäume, Felder, Wiesen … Es roch nach Freiheit, und zum ersten Mal seit langer Zeit konnten wir diesen Anblick unbeschwert genießen. Wir waren wie elektrisiert.

SABINE LEUTHEUSSER-SCHNARRENBERGER
Aber es war ja eigentlich immer noch eine Reise ins Ungewisse …

MARGOT FRIEDLÄNDER
Ja, das stimmt. Die Bahnfahrt ging sehr schnell. Wir fuh-

ren über Prag nach Pilsen. Dort wurden wir auf amerikanische Militär-Lkws verladen, die uns in ein DP-Lager nach Bayern bringen sollten.

SABINE LEUTHEUSSER-SCHNARRENBERGER
DP-Lager ... also die Lager für »Displaced Persons«.

MARGOT FRIEDLÄNDER
Genau.

SASCHA HELLEN
Die nach Ende des Zweiten Weltkrieges in Deutschland, Österreich und Frankreich eingerichtet wurden, um die knapp sieben Millionen Zivilisten aufzunehmen, die aus ihren Herkunftsländern vertrieben worden waren.

MARGOT FRIEDLÄNDER
Ja, genau dazu zählten wir. Wir fuhren durch wunderbare Landschaften, immer in Kolonne. Kurz darauf wurde die Euphorie allerdings getrübt, denn als wir das Lager erreichten, stellten wir fest: Rings um das Lager lief ein Zaun aus Stacheldraht. Wieder Stacheldraht! Wir hatten das KZ überlebt und landeten jetzt erneut in einem Lager, was natürlich viele schlimme Erinnerungen wachrief. In Wahrheit war dieser Stacheldraht nur zu unserem Schutz angebracht worden, um letztendlich die Grenzen des Lagers aufzuzeigen. Aber natürlich nach all dem, was wir durchlebt hatten, war dies das völlig falsche Zeichen. Einige Mitreisende fingen an zu weinen, das war natürlich nicht zu vermeiden.

SASCHA HELLEN
Wie waren Sie in dem Lager untergebracht?

MARGOT FRIEDLÄNDER
Sehr primitiv, sehr einfach. Das Lager hat mich in vielerlei Hinsicht an Theresienstadt erinnert. Diesmal wurde es allerdings von den Vereinten Nationen geleitet, und nach einigen Tagen stellten wir eine Delegation zusammen, die sich über die Zustände beschwerte. Zum Beispiel wurden Männer und Frauen getrennt, was uns entsetzt hat.

SASCHA HELLEN
Wieso wurden Sie getrennt?

MARGOT FRIEDLÄNDER
Das konnten wir uns auch nicht erklären, und für uns war es natürlich eine immense Belastung. Ebenso wie die Tatsache, dass wir das Lager nicht verlassen durften. Wir waren also wieder eingesperrt, wieder hinter Stacheldraht, und wieder konnten wir uns nicht frei bewegen. Etwa eine Woche waren wir in diesem Lager, dann ging es weiter nach Deggendorf. Dort wartete wieder eine Kaserne auf uns, aber ohne Zaun und ohne all diese strengen Regeln. Adolf und ich bekamen ein eigenes Zimmer, wir konnten uns frei bewegen, im Wald spazieren gehen und wurden ganz anders behandelt. Rückblickend will ich ja niemandem einen Vorwurf machen. Es war sicherlich sehr schwierig, nach dem Krieg und nach dieser Diktatur eine gewisse Ordnung einzuführen. Deutschland versank im Chaos, das Land hatte kapitu-

liert, und Millionen Menschen waren in Bewegung. Die einen auf der Flucht, die anderen auf dem Weg nach Hause. Viele suchten ihre Familien. Wir haben so viele Schicksale am Rand dieser Reisen gesehen. Das lässt sich kaum in Worte fassen.

SASCHA HELLEN
Mussten Sie in diesem DP-Lager in Deggendorf arbeiten?

MARGOT FRIEDLÄNDER
Man musste nicht, aber natürlich war es von Vorteil, wenn man sich mit einbrachte. Adolf übernahm eine Arbeit in der Verwaltung und versuchte, bei der Koordination zu helfen. Im Lager wurde auch für uns gekocht, allerdings nur Militärrationen. Deshalb hat mein Mann für seine Tätigkeit in der Verwaltung Zigaretten bekommen, um sie beim Bauern gegen Gemüse und Salat zu tauschen. Jeden Tag zog ein Strom von Menschen von Lager zu Lager, um nach Überlebenden aus der eigenen Familie zu suchen oder vertraute Gesichter wiederzufinden. Es waren auch viele Jugendliche dabei, die von ihren Eltern getrennt worden waren und die natürlich psychisch noch mal ganz anders angespannt und traumatisiert waren. Ich war wenigstens nicht alleine, ich hatte meinen Mann. Er war mir in dieser Zeit eine besondere Stütze, und gemeinsam begannen wir, Pläne zu schmieden. In Deggendorf haben wir dann übrigens auch noch standesamtlich geheiratet.
Mit jedem Tag wurde mir deutlicher, was passiert war. Mit jedem Tag wurde es aber auch realistischer, dass ich meine Mutter und meinen Bruder nicht wiedersehen wür-

de. Ich hatte keine Informationen ... Aber ich bekam zunehmend ein Gefühl dafür, dass sie den Holocaust nicht überlebt haben konnten. Adolf und ich versuchten, uns abzulenken, und gaben uns gegenseitig Halt und Sicherheit. Das war nicht immer leicht, denn wir wurden Tag für Tag mit vielen grausamen Schicksalen konfrontiert. Wir sahen in die Gesichter der Suchenden, zu denen wir uns auch zählten. Aber wir wussten auch, dass wir unsere Kräfte mobilisieren und nach vorne blicken mussten.

SASCHA HELLEN
Haben Sie nicht auch darüber nachgedacht, doch noch einmal zurück nach Berlin zu gehen, um nach Ihrer Mutter und nach Ralph zu suchen?

MARGOT FRIEDLÄNDER
Nein ... Ich hatte ja nicht wirklich Hoffnung. Denn spätestens seit ich die Züge aus Auschwitz in unseren letzten zehn Tagen in Theresienstadt gesehen hatte, war mir mehr oder weniger klar, dass meine Mutter und Ralph diesem Terror nicht entkommen sein konnten. Ich war mir fast sicher: Das konnten sie nicht überlebt haben. Natürlich dachte ich ununterbrochen an die beiden. Aber ich habe mir immer wieder vor Augen gehalten: Meine Mutter hat mir einen Auftrag hinterlassen.

SABINE LEUTHEUSSER-SCHNARRENBERGER
Als Sie von Ihrer Mutter diese Nachricht bekamen: »Ich gehe mit Ralph – versuche, dein Leben zu machen«, waren Sie da böse auf Ihre Mutter? Haben Sie sich im Stich gelassen gefühlt?

MARGOT FRIEDLÄNDER
Ich weiß es nicht ... Ich weiß, dass meine Mutter und mein Bruder sehr, sehr eng waren. Und er war ja der Jüngere. Meine Mutter hatte wohl das Gefühl, er braucht sie dringender als ich. Vielleicht hat sie gedacht, sie könne ihm abends eine Suppe kochen oder sein Hemd waschen, einfach da sein für ihn. Leider kam es nie dazu, wie ich jetzt weiß.

SASCHA HELLEN
Sie wollten an diesem Tag ja eigentlich Berlin verlassen, alles war geplant. Ausgerechnet dann! Haben Sie manchmal die Vermutung, Sie wurden vielleicht verraten?

MARGOT FRIEDLÄNDER
Ich habe ja nicht gewusst, woran es lag. Von der Nachbarin habe ich gehört, dass mein Bruder ein paar Stunden vorher mit Koffern zum Bahnhof gegangen ist, das war vielleicht ein großer Fehler. Er musste angeben, wer da die Koffer aufgibt. Aber da war auch das Telegramm, das ich selbst an meine Cousine Hilda und ihren Mann Erwin schicken sollte, die schon in diesem Arbeitslager in Bielitz in Schlesien waren. Was ich bei der Post angeben musste, weiß ich nicht mehr. Möglicherweise war es auch das, was uns verraten hat. Oft habe ich mich gefragt: War es meine Schuld? Ich weiß doch nicht, was es gewesen ist. Ich kann es nicht wissen. Vielleicht ist das aber auch ganz gut so.

SASCHA HELLEN
Glauben Sie, wenn Ralph und die Mutter mit Ihnen in

den Untergrund gegangen wären, Sie hätten überlebt zu dritt?

MARGOT FRIEDLÄNDER
Das weiß ich nicht, das kann ich nicht sagen. Es ist schon für mich alleine sehr schwierig gewesen, und ich habe keine Ahnung, wie es möglich gewesen wäre, wären wir zu dritt gewesen. Dennoch ... Ich war damals 21 Jahre alt, heute bin ich 99. Das ist eine lange Zeit, in der man so vieles überdenken kann. Da sagt man sich schon manchmal: Mein Gott, das war doch Blödsinn! Wir hätten es versuchen sollen.

SASCHA HELLEN
Wenn Sie mit Jugendlichen sprechen über das Erlebte und für Schüler Lesungen halten: Viele von denen sind in Ralphs Alter. Haben Sie beim Lesen eine Person vor Augen? Lesen Sie für Ralph? Lesen Sie für Ihre Mutter?

MARGOT FRIEDLÄNDER
Bei allem, was ich tue, sind die beiden zu 100 Prozent bei mir. Immer. Absolut. Und ja, ich denke tatsächlich oft an meinen Bruder, wenn ich Teenager in seinem Alter vor mir sitzen habe. Das sind Kinder, die ihr Leben noch vor sich haben. Ein Leben voller Chancen, voller Möglichkeiten. Natürlich muss man sich auch oft behaupten. Aber da sitzen junge Menschen vor mir, die ihre Zukunft noch gestalten können. Die leben werden und vielleicht eine Familie gründen. All das, was meinem Bruder nicht vergönnt war. Ich sage deshalb auch immer zu den Jugendlichen: Ihr habt eine Chance – nutzt sie! Mein Bru-

der hat keine Chance bekommen. Schmeißt euer Leben nicht weg, macht etwas daraus!

SABINE LEUTHEUSSER-SCHNARRENBERGER
Nach all dem, was Ihnen widerfahren ist, können Sie Deutschland vergeben?

MARGOT FRIEDLÄNDER
Ich muss Deutschland nicht vergeben. Die, die mir Leid zugefügt haben, sind gar nicht mehr da. Und zudem kann ich nicht alle dafür verantwortlich machen, was passiert ist. Schließlich waren es auch Deutsche, die mir geholfen haben. Ich habe viele gute Deutsche kennengelernt. Sie haben in der schwersten Zeit Menschlichkeit bewiesen. Sie haben nicht weggeschaut, sondern haben mich versteckt, ihr Leben riskiert. Sie haben nicht geprüft, ob ich jüdisch bin oder nicht, sondern haben in diesem Augenblick erkannt: Ich brauche Hilfe. Und diese Hilfe haben sie mir gewährt.

SABINE LEUTHEUSSER-SCHNARRENBERGER
Haben Sie jemals Hass auf die Deutschen empfunden?

MARGOT FRIEDLÄNDER
Nein.

SASCHA HELLEN
Haben Sie mal versucht, die Täter zu verstehen?

MARGOT FRIEDLÄNDER
Früher. Aber ich habe keine Antwort gefunden.

SABINE LEUTHEUSSER-SCHNARRENBERGER

Die Amerikaner haben im April 1945 nach der Befreiung Weimarer Bürger gezwungen, das KZ Buchenwald zu besichtigen. Das war eine radikale Methode, um den Menschen vor Augen zu führen, was passiert ist. Es ist ja auch schrecklich: Knapp 300 000 Menschen wurden in Buchenwald ausgebeutet, gefoltert, missbraucht … fast 60 000 Menschen sind dort gestorben. Ich habe vor einigen Jahren Berichte und Tagebuchaufzeichnungen von amerikanischen Soldaten gelesen, die zutiefst schockiert über die Unmenschlichkeit waren, die sie dort vorgefunden haben. Und ein Großteil der »normalen« Bevölkerung hat angeblich von alldem nichts mitbekommen. Da sind wir wieder beim Thema: Das System der Nazis hat auch funktioniert, das Böse konnte auch siegen, weil das Schweigen der Mehrheit zu groß war. Ähnlich war es ja in Dachau. Es gibt in Yad Vashem, der nationalen Holocaustgedenkstätte in Jerusalem, einen sehr beeindruckenden Film, der zeigt, wie die deutsche Bevölkerung nach der Befreiung reagiert hat. Auch in Dachau haben fast alle nichts mitbekommen. Sie sahen immer nur Menschen in das Lager gehen und wunderten sich auch nicht, dass kaum jemand das Lager verließ. Oder zumindest haben sie es nicht hinterfragt. Das ist sicherlich auch das beste Argument für Holocaustleugner gewesen.

MARGOT FRIEDLÄNDER

»Holocaustleugner« … was für ein Wort! Jemandem wie ich, der am eigenen Leib erfahren musste, was es bedeutet, in einem Konzentrationslager zu sein, verfolgt zu werden, seine Familie zu verlieren, dem fehlt schlicht jedes Verständnis für diese Menschen. Sie sind wohl einfach zu jung, sie wissen es nicht besser, und offensichtlich hat ihnen niemand nahebringen können oder wollen, was damals passiert ist. Deshalb ist es umso wichtiger, dass wir solche Menschen erreichen. Dass wir junge Menschen erreichen, noch bevor aus ihnen so etwas wie Holocaustleugner werden können. Wir müssen es schaffen, dass sie es besser wissen. Nicht weil ich will, dass sie deshalb ein schlechtes Gewissen haben. Sondern weil ich hoffe, dass sie verstehen, wie schlimm es war, und dass sie sich wünschen, dass es nie wieder so weit kommt.

SABINE LEUTHEUSSER-SCHNARRENBERGER
Es gibt Menschen, die erzeugen mit ihren Worten eine ganz große Wirkung. Sie gehören definitiv dazu. Das ist eine Form von Aufklärung, weil sie nachhaltig das Bewusstsein prägt. In den Neunzigerjahren zum Beispiel hat mich Richard von Weizsäcker sehr beeindruckt, der damalige Bundespräsident. Ich erinnere mich, wir hatten eine Situation, wo sehr gegen Flüchtlinge agitiert und gehetzt wurde. Da hat Richard von Weizsäcker eine Lichterkette initiiert und mitgemacht, zusammen mit Hunderttausenden Menschen, die sich an den Händen gefasst haben, durch Städte hindurch, über Autobahnen, quer durch das Land. Und Richard von Weizsäcker mittendrin! Die Botschaft war klar: Wir stehen zusammen, wir stehen beieinander, und wir lassen uns nicht von denen auseinanderbringen, die Hass und Intoleranz säen wollen. Hier stehen Flüchtlinge, normale Bürger und der Bundespräsident nebeneinander – mit einem gemeinsamen Ziel.

So geht es mir übrigens auch bei vielen Reden, die unser amtierender Bundespräsident Frank-Walter Steinmeier hält, den ich ebenfalls sehr schätze.

MARGOT FRIEDLÄNDER
Ich auch.

SABINE LEUTHEUSSER-SCHNARRENBERGER
Wir reden über eine sehr lange Zeit. Sie blicken auf fast 100 Lebensjahre zurück. Kann man sagen, dass die Zeit Wunden heilt?

MARGOT FRIEDLÄNDER
Auch hier ganz klar: Nein. Sie wissen ja, wie ich bin. Ich bin Optimistin aus dem Herzen, ich glaube an das Gute im Menschen. Was ich mache, hat mir sehr geholfen. Ich konnte in den letzten Jahren etwas gegen das Vergessen tun, indem ich spreche, meine Geschichte erzähle. Ich bin sicher, meine Geschichte wird weiterleben. Natürlich gibt es Wunden in mir, die nie verheilen werden. Aber dadurch, dass es Deutsche waren, die mir in der schwersten Zeit geholfen haben, kann ich nicht pauschalisieren. Hass ist mir fremd. Es gab Menschen, die etwas für mich getan haben. Denen bin ich dankbar. Menschen, deren Namen ich teilweise gar nicht kenne. Ich will heute von meinen Freunden auch nicht wissen, was ihre Eltern oder Großeltern gemacht haben. Es interessiert mich nicht. Mich interessiert nur der Mensch. Ich will mir ein eigenes Urteil bilden, mich nicht leiten lassen von dem, was andere über die Person erzählen. Natürlich weiß ich auch, dass während der NS-Zeit nicht alle Deutschen

Nazis oder Judenhasser waren. Aber viele haben mitgemacht, haben weggeguckt. Oder noch schlimmer: Sie haben geschwiegen. Warum? Das ist die große Frage, die mir keiner beantworten kann und die mich auch heute noch manchmal quält. Wie wäre der Verlauf der Geschichte gewesen, wenn es eine starke Opposition gegen Hitler gegeben hätte? Wenn Menschen aufgestanden wären, wenn die Medien und die Gesellschaft sich mobilisiert hätten? Die Menschen, die mir geholfen haben, haben nicht weggeguckt. Sie haben gesagt: Auch wenn es unseren eigenen Kopf kostet – es ist nicht richtig, was die Nazis hier machen!

SABINE LEUTHEUSSER-SCHNARRENBERGER
Sie sind zurück nach Berlin gekommen, in das Land der Täter.

MARGOT FRIEDLÄNDER
So sehe ich das nicht. Ich liebe Deutschland, es ist meine Heimat, hier bin ich geboren. Ich habe das Recht, hier zu sein.

SABINE LEUTHEUSSER-SCHNARRENBERGER
Absolut.

MARGOT FRIEDLÄNDER
Ich bin mit Spreewasser getauft, ich gehöre hierher. Meine Eltern sind Deutsche, mein Vater hat für dieses Land gekämpft und wurde hoch ausgezeichnet. Sein Bruder, der im Ersten Weltkrieg starb, war bei der freiwilligen Feuerwehr engagiert, auch er war ein fester Bestandteil

der damaligen Gesellschaft. Ich muss mich nicht dafür entschuldigen, dass sich mein Lebenskreis in Berlin schließen soll.

SABINE LEUTHEUSSER-SCHNARRENBERGER
Auf keinen Fall. Im Gegenteil: Sie sind Ehrenbürgerin von Berlin, haben viele Auszeichnungen bekommen. Was bedeuten ihnen diese?

MARGOT FRIEDLÄNDER
Nun ... ich habe nicht für Auszeichnungen gelebt. Das sind schöne Anerkennungen, Gesten. Und natürlich freut man sich darüber. Aber ganz offen gesagt: Ich brauche dies nicht. Aber die Tausende von Danksagungen, die ich von jungen Menschen erhalten habe, die bedeuten mir wirklich etwas. Und ganz wichtig für mich ist einfach, dass ich hier sein kann.

SASCHA HELLEN
Sprechen Sie hier im Haus viel darüber, über Ihre Geschichte?

MARGOT FRIEDLÄNDER
Das erste Jahr habe ich mit kaum jemandem gesprochen. Ich wollte nicht, dass man mir sagt: »Wir haben jüdische Freunde gehabt« oder: »Wir konnten nichts tun« ... Am liebsten wollte ich anfangs überhaupt keine Konversation betreiben, aber mit der Zeit hat sich das geändert. Zuerst waren es nur eine Handvoll Leute, mit denen ich ein paar Worte gewechselt habe. Man hat sich freundlich gegrüßt, mehr nicht. Nach und nach habe ich mir dann

einen sehr großen Freundeskreis in Berlin aufgebaut. Angefangen hat es mit einem Ehepaar, mit dem ich heute sehr eng befreundet bin. Das heißt, inzwischen nur noch mit ihm – Adolf. Seine Frau ist leider vor ein paar Jahren verstorben. Die beiden haben 40 Jahre in Amerika gelebt. Er ist Deutscher, sie ist Halbjüdin gewesen – der Vater Jude, die Mutter Christin. Als der Vater seine Stellung in Deutschland verloren hatte, ist die Familie ausgewandert nach Peru. Aber die Verbindung nach Deutschland haben sie weiterhin aufrechterhalten, und so hat eine ihrer Töchter später den Sohn einer befreundeten Familie aus Gotha geheiratet: Adolf. Die beiden haben wiederum drei Kinder, und weil zwei von ihnen in Deutschland leben und es inzwischen auch Enkelkinder gibt, sind sie irgendwann hierher zurückgekommen, ein paar Jahre nach mir. Dieser Platz hier hat ihnen sehr gut gefallen – und er ist auch billiger als gleichwertige Einrichtungen, die man in Amerika finden würde.

SABINE LEUTHEUSSER-SCHNARRENBERGER
Wenn Sie mit jungen Menschen sprechen, wie reagieren die auf Ihre Geschichte?

MARGOT FRIEDLÄNDER
Ich bin immer wieder überrascht, wie sensibel Jugendliche auf das reagieren, was ich aus meinem Leben erzähle. Da sitzen mir Schülerinnen und Schüler gegenüber mit großen Ohrringen, bunten Haaren ... und plötzlich ist es still. Sie gucken nicht aufs Handy, sie reden nicht miteinander, sie sind konzentriert. Und ich spüre eine Veränderung. Ich spüre, dass sie in diesem Augenblick

versuchen, mich zu verstehen. Mein Leben und Erlebtes mit mir teilen.

SABINE LEUTHEUSSER-SCHNARRENBERGER
Was erzählen Sie den Schülern aus Ihrem Leben?

MARGOT FRIEDLÄNDER
Auf jeden Fall ist es wichtig, dass ich die richtigen Worte finde. Denn ich spüre: Viele der jungen Herrschaften haben Probleme, meine Lebensgeschichte zu glauben. Meine Geschichte ist ja auch ganz einfach nicht zu verstehen für die jungen Menschen, das ist mir zu 100 Prozent klar. Was ich erlebt habe, ist unvorstellbar für die Schülerinnen und Schüler, die heute in einem Deutschland groß werden, welches seit über 70 Jahren in Frieden lebt, und die heute ein Europa kennenlernen dürfen, in dem Freiheit nicht nur ein Wort ist. Also versuche ich, sie mitzunehmen, ganz schnörkellos, auf meine Reise durch den Berliner Untergrund. Wenn man es mal objektiv betrachtet, ist das ja auch eine spannende Geschichte, die durchaus das Interesse der Jugendlichen weckt. Das ist dann auch spätestens der Punkt, wo ich meine Zuhörer ganz eingefangen habe. Sie fiebern mit mir mit, wollen immer wissen, was als Nächstes passiert. Manchmal denke ich selbst: Was ich erzähle, klingt wie im Film ... aber es ist die traurige Wahrheit. 15 Monate habe ich bei 16 verschiedenen Familien gelebt – eigentlich habe ich 16 Leben gelebt. All diese Familien haben ihr Leben riskiert, um meines zu retten. Ich habe mir die Haare tizianrot färben und die Nase operieren lassen, um weniger jüdisch auszusehen.

SASCHA HELLEN
Wenn Sie in den Spiegel schauen, werden Sie Tag für Tag daran erinnert.

MARGOT FRIEDLÄNDER
Ach, ich lebe mit dieser Nase schon so viele Jahre. Meine frühere Nase war eigentlich gar nicht wirklich anders, daher musste ich mich nicht groß umgewöhnen. Ich habe mir damals eingebildet, ich müsste anders aussehen, und habe sie deshalb operieren lassen. Den Namen des Arztes, der die Operation durchgeführt hat, kenne ich bis heute nicht. Es gab einen Mann, dessen Frau und Tochter mich einige Zeit versteckt haben. Dieser Mann hat die Operation für mich arrangiert. Ich habe gar nicht lange überlegt ... Ich musste es einfach tun, denn ich habe jede Möglichkeit genutzt, um zu überleben.
Ich habe täglich Todesangst gespürt, aber auch große Menschlichkeit. Auch das berichte ich den Jugendlichen, denn das ist mir ganz wichtig. »Versuche, dein Leben zu machen« – das ist der letzte Satz meiner Mutter, den sie mir zusammen mit der Kette und ihrem Adressbuch 1943 hinterlassen hat, bevor sie mit meinem geliebten Bruder verhaftet wurde. Beide wurden nach Auschwitz deportiert, von den Nazis ermordet. Beide Leben wurden ausgelöscht, sinnlos. Es ist ein Wunder und ein Geschenk, dass ich hier sitzen darf und dass ich noch lebe. 15 Monate, das ist eine lange Zeit. Wie oft habe ich die Nächte schlaflos verbracht, immer in Panik, gefasst und verraten zu werden. Wie oft musste ich damit rechnen, tagsüber entdeckt zu werden. Ich habe schon damals nicht verstanden, warum Menschen zu Rassisten

werden und aus Hass andere Menschen ermorden. Aber ich habe sehr gut verstanden, dass es Deutsche gab, die Zivilcourage bewiesen haben und denen ein Menschenleben etwas wert war. 1944 wurde ich von jüdischen Greifern auf der Straße gestellt und in das KZ Theresienstadt deportiert. Jüdische Greifer. Es waren Juden, die andere Juden gefasst, verraten und ausgeliefert haben. Man könnte auch sagen, es waren Söldner, die im Auftrag der Nationalsozialisten Verbrechen gegen die Menschlichkeit und die eigene Religion begangen haben. Wahrscheinlich war es nur eine Unachtsamkeit, die mich in die Arme der jüdischen Greifer spielte, aber dass es ausgerechnet die eigenen Leute, Juden waren, die mich gefasst haben, das habe ich bis heute nicht verwunden. Auch Theresienstadt habe ich überlebt. Die Schikanen der Nazis, der Wärter ... Ich habe gesehen, wie wenig menschliches Leben wert war. Das alles erzähle ich. Aber ich tue es nicht, um meine eigene Geschichte den Jugendlichen zum Vorwurf zu machen, ganz im Gegenteil! Es ist auch eine Geschichte von Hoffnung und Aufbruch. Ich erzähle von meinem Mann Adolf, den ich in Theresienstadt wiedergefunden und geheiratet habe. Es war die letzte jüdische Trauung im Lager, bevor dieses endgültig geschlossen wurde. Wir sind nach Amerika, haben ein neues Leben begonnen. Wir haben eine zweite Chance bekommen. Überhaupt habe ich ganz viele Chancen in meinem Leben bekommen. Damit will ich den Schülerinnen und Schülern auch Mut machen. Ich will ihnen sagen: Es gibt immer einen Ausweg, es gibt immer Hoffnung. Natürlich hatte ich Momente, in denen ich verzweifelt war. Aber es war die Hoffnung, die mich angetrieben hat. Auch die Hoffnung, Mutti und Ralph wiederzusehen. Zum damaligen Zeitpunkt konnte ich noch nicht ahnen, dass ihr Lebensweg nach der Verhaftung so schnell zu Ende ging. Nach dem Tod meines Mannes bin ich zurück nach Deutschland. Es sind ja hier keine Täter mehr ... es sind Kinder und Enkelkinder, die zweite und dritte Generation. Und sooft ich kann, rufe ich den Schülerinnen und Schülern zu: Ich tue es für euch!

SASCHA HELLEN
Stellen die Schüler Ihnen auch Fragen?

MARGOT FRIEDLÄNDER
Jede Menge. Sie hören nicht nur aufmerksam zu – ich merke auch, dass sie sich Gedanken machen, an Einzelheiten interessiert sind und Hintergründe verstehen wollen.

SASCHA HELLEN
Gibt es dumme Fragen zum Holocaust?

MARGOT FRIEDLÄNDER
Nein. Zumindest habe ich noch keine gehört. Jede Frage, die mir von den Schülern gestellt wurde, hatte irgendwo ihre Berechtigung. Es ist ja auch nicht so, dass ich sie alle umfassend beantworten kann, aber ich gebe mir Mühe. Da sind Fragen zu komplexen Zusammenhängen dabei, zu meinen Gedanken und Gefühlen und auch zu ganz banalen Dingen, die den Alltag im Konzentrationslager betreffen. Warum soll man solche Fragen nicht stellen dürfen? Mir ist es lieber, die Leute – vor allem die jungen Leute – stellen sie und zeigen damit, dass sie neu-

gierig sind. Viel schlimmer wäre doch, wenn sie meinen Erzählungen gleichgültig gegenüberstünden.

Margot Friedländer hält in ihrer Hand das Notizbuch der Mutter. Immer wieder fasst sie den gelben Stoff des Judensterns an, der auf ihren Mantel genäht war. Das Perverse: Die Juden mussten selbst für den Judenstern bezahlen, auch wenn er für viele das Schicksal besiegelte und sie in den sicheren Tod führte. Margot Friedländer wiederholt noch einmal diesen Satz: Ich tue es für euch! Trotz ihres hohen Alters wirkt sie noch immer hellwach. Das Gespräch strengt sie an, aber sie weiß, dass sie zu einem kleinen Kreis derjenigen gehört, die ihr Wissen noch weitergeben können. Und wollen. Dank dieser Leistung wird sie zum lebendigen Dokument, ein Stück Zeitgeschichte. Sie schildert ihre eigene Lebensgeschichte mit großer Nüchternheit. Unprätentiös, einprägsam. Ihre warme Stimme ist erstaunlich klar, fast mädchenhaft.

SABINE LEUTHEUSSER-SCHNARRENBERGER
Natürlich habe ich mich sehr genau mit Ihrer Biografie auseinandergesetzt. Das sind Dinge, die einem nicht aus dem Kopf gehen. Ich habe auch den Eindruck, Sie denken heute noch viel darüber nach ... Was hängt mit wem zusammen, gab es Zufälligkeiten, lassen sich Ereignisse nachvollziehen?

MARGOT FRIEDLÄNDER
Manchmal, ja. Aber es ist ja so lange her, ich kann ja eh nichts ändern ...

SABINE LEUTHEUSSER-SCHNARRENBERGER
Sie waren 15 Monate auf der Flucht, haben sich immer wieder verstecken müssen, viel riskiert.

MARGOT FRIEDLÄNDER
Alleine. Das war das Schlimmste. Ich hatte nicht nur Angst, ich war auch allein. Wie oft hätte ich mir manchmal einen Menschen an meiner Seite gewünscht.

SABINE LEUTHEUSSER-SCHNARRENBERGER
Sie haben ganz unterschiedliche Menschen auf Ihrer Flucht kennengelernt. Menschen, die Ihnen geholfen und viel riskiert haben, andere, die abweisend waren.

MARGOT FRIEDLÄNDER
Und auch viele, die fordernd waren. Aber ich habe immer Menschen gefunden, die mir geholfen haben, und das ist entscheidend. An diese Menschen denke ich. Ich habe viel von ihnen verlangt. Sie haben mich verstecken und dafür ihr Leben riskieren müssen. Über die meisten Leute, die mir geholfen haben, weiß ich nichts. Ich habe sie ja nie wiedergesehen. Es gab auch keine Freundschaften, man hat privat sehr wenig mit den Menschen gesprochen. Einzig und allein bei der letzten Familie, die mich versteckt hat, war es ein bisschen anders. Sie hießen Camplair und hatten eine Nichte, die in meinem Alter war: Gretchen. Wir haben uns angefreundet. Das war schon merkwürdig, denn Gretchen war das uneheliche Kind der Schwester von Frau Camplair. Die Mutter war gestorben, und Gretchen kämpfte natürlich gegen die Trauer, aber ihre Fröhlichkeit war dennoch unbe-

schreiblich. Selten habe ich einen Menschen getroffen mit einer solch großen Lebensfreude und Lebenslust. Wir dürfen nicht vergessen: Die Zeiten waren alles andere als lustig. Deutschland war kein fröhliches Land, die politischen Umstände haben auch den Deutschen zu schaffen gemacht. Die Armut war groß, die wirtschaftliche Depression hing über dem Deutschen Reich. Eines Tages habe ich zu Gretchen gesagt: Du hast ein jüdisches Herz! Dann ist auch noch Gretchens Tante gestorben und hat ihr auf dem Sterbebett offenbart, dass ihr Vater Jude war. Ich hatte also eine innere Eingebung gehabt und gespürt, dass es zwischen uns beiden eine besondere Verbundenheit gab. Gretchen hat mich verstanden, meine Ängste, mein Leid und natürlich auch meine Unsicherheit. Wir haben uns nach dem Krieg zweimal in der Schweiz getroffen, und als ich das erste Mal nach Berlin kam, im Jahr 2003, hat sie noch gelebt. Sie war damals schon sehr krank, war im Spital. Für mich war sie allerdings immer noch das junge Mädchen – so nett, so gut, voller Herzenswärme. Sie war eine richtige Freundin. Nach dem Krieg hat sie geheiratet und einen Sohn bekommen, mit dem ich auch noch ab und zu Kontakt hatte in den ersten Jahren.

SABINE LEUTHEUSSER-SCHNARRENBERGER
Hatten Sie zu Gretchen auch Kontakt, als Sie ins Konzentrationslager Theresienstadt kamen?

MARGOT FRIEDLÄNDER
Theresienstadt war zunächst einmal eine fürchterliche Garnisonsstadt. Ich habe mich dort nicht zurechtgefun-

den, ich konnte auch nicht klar denken. Natürlich hatte ich Angst, wusste nicht, was mit mir geschehen wird. Es gab keine klaren und verbindlichen Aussagen, und auch die anderen Insassen lebten Tag für Tag ins Ungewisse. Aber es gab Hoffnung, denn Gretchen und die Camplairs haben mir zwei Pakete geschickt. Diese sind erstaunlicherweise auch angekommen. Nach der Befreiung waren sie mit die Ersten, an die ich gedacht habe. Ich hatte ja überhaupt keinen Plan ... Wo gehe ich hin? Was mache ich? Soll ich zu meiner Tante nach Brasilien oder gehe ich zurück nach Berlin? Denn ich habe ja Freunde in Berlin, die Camplairs. Ich habe ihnen einen Brief geschrieben: »Wir sehen uns ja hoffentlich bald wieder – in Berlin!« Aber dann habe ich doch einen anderen Lebensweg eingeschlagen.

SASCHA HELLEN
Hatten Sie Hoffnung, dass Sie das Lager verlassen können?

MARGOT FRIEDLÄNDER
Nein. Wir wussten überhaupt nicht, was der nächste Tag für uns bringt. Es war wie ein Traum, ein schlechter Traum für mich. Ich hab' mir natürlich immer überlegt, was sein könnte, aber habe auch getan, was von mir verlangt wurde.

SABINE LEUTHEUSSER-SCHNARRENBERGER
Hatten Sie im Lager Theresienstadt noch immer die Hoffnung, dass Sie Ihre Mutter und Ihren Bruder wiedersehen?

MARGOT FRIEDLÄNDER
Ja. Die hatte ich bis zum Schluss. Eigentlich bis zu dem Zeitpunkt, als die Transporte aus Auschwitz kamen und wir erfahren haben, was dort passiert. Wir haben es nicht gewusst. Wie konnte man es auch ahnen, wie hätte man sich das als Mensch vorstellen sollen?! Theresienstadt war noch ein bisschen anders. Als junger Mensch hatte man die Möglichkeit, es dort zu schaffen. Man musste vorsichtig sein, man musste arbeiten, funktionieren. Von Mitte September bis Mitte Oktober 1944 ging jeden Tag ein Transport weg aus Theresienstadt. Man hat das Lager zur Hälfte geleert. Ich erinnere mich zum Beispiel, dass ich eines Tages zu spät in die Fabrik gekommen bin. Sie haben mich gerufen, und es war ganz schrecklich. Ich fürchtete, jetzt würden sie mich auf die Deportationsliste setzen. Der Offizier hat mich angeschrien und mir gedroht, wenn ich nicht so eine gute Arbeitskraft wäre, würde er dafür sorgen, dass ich noch heute mit dem nächsten Transport in den Osten gebracht würde. Natürlich verstanden diese Offiziere immer auch, Druck auszuüben, Angst zu schüren und uns einzuschüchtern.

SASCHA HELLEN
Aber die Konsequenzen blieben aus …

MARGOT FRIEDLÄNDER
Ja. Von da an hatte ich das Gefühl, ich würde besonders genau beobachtet, was auch durchaus möglich ist. Aber die Arbeit, die ich machen musste, war gar nicht so leicht, und ich war wirklich geschickt darin, geschickter als so manche andere, das war wahrscheinlich mein Glück.

Anfangs hatte ich als Näherin gearbeitet, denn das hatte ich ja gelernt. Aber zu diesem Zeitpunkt saß ich tagaus, tagein mit Hunderten von Frauen in einer riesigen Baracke. Wir mussten »glimmern«, so nannte sich das. Der Glimmer war ein weicher, glitzernder Stein, ähnlich wie Schiefer. Mit einem Messer mussten wir möglichst große, dünne Scheiben abtrennen, die dann in der Industrie als Isoliermaterial verwendet wurden. Das war nicht einfach, da der Stein sehr leicht bröckelte. So ein Arbeitstag war unglaublich lang, anstrengend und ermüdend.

SASCHA HELLEN
Waren Sie nach dem Krieg noch einmal in Theresienstadt?

MARGOT FRIEDLÄNDER
Ja, kurz vor meinem 90. Geburtstag. Ich musste mich noch einmal mit diesem Ort konfrontieren, um mit ihm abschließen zu können. Allerdings habe ich dort nichts mehr erkannt. Aber ich wollte das noch einmal sehen, nach rund 66 Jahren. Die Wege gehen, die zu den schwersten meines Lebens gehörten. Freunde haben mich vor dieser Reise gewarnt, aber es war mir ein Bedürfnis. Ich musste es einfach tun. Für mich.

SASCHA HELLEN
Haben Sie auch Auschwitz jemals besucht?

MARGOT FRIEDLÄNDER
Nein, ich habe ja Theresienstadt erlebt. Das war mehr als genug.

SASCHA HELLEN
Wissen Sie, wann Ihre Mutter in Auschwitz umgekommen ist?

MARGOT FRIEDLÄNDER
Soweit ich das den Dokumenten entnehmen kann, wurde sie sofort ins Gas geschickt.

SASCHA HELLEN
Zusammen mit Ralph?

MARGOT FRIEDLÄNDER
Nein. Mein Bruder hat noch etwa einen Monat gelebt und ist am 24. Februar umgekommen. So ist es zumindest verzeichnet. Meine Mutter hat noch nicht einmal mehr eine Nummer bekommen, sie wurde gleich umgebracht. Am selben Tag oder am nächsten Tag, ich weiß es nicht.

Margot Friedländer hält einen Augenblick inne. Dann fährt sie fort.

MARGOT FRIEDLÄNDER
Es ist grausam. Einfach nur grausam. Auch darüber nachzudenken, was Ralph gemacht haben muss. Er war sehr auf die Mutti fixiert, und sie ist ja hinter ihm her, damit er nicht alleine sein muss. Alles umsonst. Ich weiß nicht, wie sie ihn eingesetzt haben in Auschwitz, welche Qualen er erleiden musste. Bis zum Schluss werden sie Hoffnung gehabt haben, dass sie nicht in den Tod fahren. Das kann ich schon allein deshalb sagen,

weil Mutti aus dem fahrenden Zug noch zwei Postkarten geworfen hat.

SABINE LEUTHEUSSER-SCHNARRENBERGER
Aus dem fahrenden Zug nach Auschwitz?

MARGOT FRIEDLÄNDER
Ja, das muss man sich mal vorstellen. Da sind sie in einem Deportationswaggon, und meine Mutter wirft noch zwei Postkarten an Cousinen aus dem Zug: »Wir kommen in Eure Nähe, könnt Ihr uns helfen?« Mutti muss tatsächlich noch daran geglaubt haben, dass es die Chance gibt, dort Unterstützung zu bekommen, oder dass man ihr aus dem Lager helfen kann, sie zu sich zu holen. Die Karten kamen auch tatsächlich später an ... Aber die Cousinen hätten ohnehin nicht helfen können. Auschwitz bedeutete den sicheren Tod. Wobei: Der Tod lauerte überall, auch wenn sich bis heute bei einigen das Gerücht hält, dass es sich in Theresienstadt um ein »mildes« KZ gehandelt hat. Ich frage mich allen Ernstes, wer solch einen Begriff wählt. MILDES Konzentrationslager!

SABINE LEUTHEUSSER-SCHNARRENBERGER
Was für eine perfide Aussage, die da verbreitet wird! Ich könnte jedes Mal wahnsinnig werden, wenn mir Menschen auf Diskussionsveranstaltungen entgegenschleudern, dass es auch irgendwann mal gut sein müsse mit der Erinnerungskultur und dem Gedenken. Es gibt keine Zukunft ohne Vergangenheit!
Wenn wir über den Nationalsozialismus sprechen, gibt es keine »Milde«. Wir sprechen hier über eine men-

schenverachtende Diktatur. Das waren Mörder, brutale Schlägertruppen. Es gibt rund um den NS-Terror nichts zu beschönigen und zu verharmlosen. Ich bin jedes Mal entsetzt, wenn Menschen versuchen, die Geschehnisse zu kategorisieren. Neulich war ich in Münster und habe dort die Ausstellung »Sie waren Nachbarn« gesehen, die hervorragend kuratiert wurde. Da sind Szenen, wo auf der Straße, auch rund um den 8./9. November 1938 herum, Menschen wahllos von den NS-Leuten niedergeprügelt werden. Die ganze Bandbreite der Demütigungen ... wie ihnen auf der Straße die Haare abgeschnitten werden, um sie zu entmenschlichen. Und es wird auch deutlich, wie viele Menschen einfach weggeschaut und so diese perfiden Handlungen ermöglicht haben. Kein Widerstand. Mich hat sehr eine Szene berührt: Ein Mann kniet vor den SS-Soldaten, die ihm den Kopf kahl geschoren haben, und plötzlich kommt eine Frau aus der Menge, geht zu ihm, umarmt diesen Mann und geht wieder zurück. Dieses Symbol, diese Geste – Du bist nicht allein! Ich sehe, was dir im Moment passiert. – Die gab es viel zu selten. Eine Frau, die nicht teilnahmslos dabeisteht, sondern die wahrnimmt. Die sich selbst der Gefahr aussetzt, festgenommen zu werden. Später gab es dann einen O-Ton in dem Video, und dieser Mann beschreibt viel später, nach dem Krieg, welche Kraft ihm das gegeben hat. Auch in Yad Vashem gibt es viele solcher Dokumente, und bei meinen Besuchen dort war ich natürlich überwältigt von den Bildern vom Geschehenen. Auf der einen Seite dieser abgrundtiefe Hass, auf der anderen Seite die vielen kleinen Tropfen der Hoffnung. Es gab sie auch, die Menschlichkeit in unmenschlicher Zeit.

MARGOT FRIEDLÄNDER
Na ja, aber die Nazis haben auch immer wieder mit Propaganda versucht, falsche Eindrücke zu erwecken. Ich habe das selbst erlebt. In Theresienstadt gab es eine Art Propagandafilm, der es so darstellen sollte, als ob die Behandlung der Juden hier besser sei. Auch ich musste als Statistin mitwirken.
Wir wurden gezwungen, vor der Kamera glückliche und gut betreute Juden zu spielen.

SABINE LEUTHEUSSER-SCHNARRENBERGER
Was für eine perverse Inszenierung!

MARGOT FRIEDLÄNDER
Ja, Sie haben recht! Denn in Wirklichkeit war es ein scharf bewachtes Getto mit über 50 000 Menschen auf engstem Raum. Theresienstadt war ja gerade mal für knapp 7000 Menschen ausgerichtet und geplant. Sie können sich vorstellen, was das für Zustände waren. Allein die hygienischen Bedingungen waren schrecklich. Wir hatten kaum etwas zu essen, es war kalt, und selbstverständlich gab es viele kranke Bewohner. Die Alten und Kranken unter uns waren geradezu dem Tod geweiht, denn es gab zwar eine medizinische Versorgung, aber keine Medikamente. Wir haben in den Unterkünften hausen müssen, auf Stroh in zweistöckigen Holzbetten geschlafen. Ich erinnere mich an die quälend stickige Luft, den Gestank, das Ungeziefer. So viele Menschen waren in einem Raum, keine Toiletten, und auf dem Hof waren die Latrinen. Man konnte nirgendwo einen Augenblick für sich allein sein, es gab

keine Privatsphäre. Ich war eine junge Frau. Sie können ansatzweise erahnen, wie schlimm das für mich gewesen ist. Und auch hier stelle ich mir wieder die Frage: Warum? Wir waren doch ganz normale Menschen, ganz normale Deutsche. Wir hatten uns nichts zuschulden kommen lassen, haben uns nicht im Geringsten von den anderen unterschieden. Nur weil wir Juden waren ...

SASCHA HELLEN
Waren Männer und Frauen in den Baracken getrennt?

MARGOT FRIEDLÄNDER
Natürlich. In manchen Kasernen haben nur Frauen, in anderen nur Männer gehaust.

SASCHA HELLEN
Konnten Sie im Lager Ihre jüdischen Traditionen leben?

MARGOT FRIEDLÄNDER
Nein, wir konnten weder unser jüdisches Leben noch unsere Traditionen wirklich pflegen.
Wenn wir in dieser Richtung etwas gemacht haben, war es geheim. Wir hatten ja keinerlei Gebetsbücher.
Ich habe in Theresienstadt Leo Baeck kennengelernt. Ich habe ihn gehört und erlebt. Er war schon damals eine beeindruckende Persönlichkeit, und mit Abstand wurde er zu einem der größten Rabbiner aller Zeiten. Er soll ab und zu auf dem Dachboden Vorträge gehalten und als Seelsorger gearbeitet haben. Das war aber alles vor meiner Zeit.

SABINE LEUTHEUSSER-SCHNARRENBERGER

Von Leo Baeck stammt der Satz: »Die Geschichte des deutschen Judentums ist definitiv zu Ende.« Das war sein bitteres Fazit. Gott sei Dank hat sich dies nicht bestätigt, und ich freue mich jedes Mal, wenn ich aktives jüdisches Leben sehe. Gerade in diesem Jahr haben wir ein besonderes Jahr: 1700 Jahre jüdisches Leben in Deutschland. Es macht mich wirklich stolz – und Sie können mir glauben: Ich bin mit diesem Wort sehr, sehr vorsichtig –, dass jüdisches Leben in Deutschland wieder ein Zuhause gefunden hat. Und es ist unabhängig von meiner Arbeit als Antisemitismusbeauftragte und meinem Engagement gegen Judenhass immer wieder ein wunderbarer Moment, wenn ich in jüdische Gemeinden eingeladen werde und dort an Feierlichkeiten teilnehmen darf. Natürlich gehört die Erinnerung an die Shoah zu jüdischem Leben. Aber ebenjenes Dokument aus dem Jahre 321, unterzeichnet von Kaiser Konstantin, zeigt, dass jüdisches Leben in Deutschland viel älter ist als der Hass. Wobei ich sogar noch einen Schritt weiter gehen möchte: Jüdisches Leben in anderen Teilen Europas soll ja noch älter sein, einen noch früheren Ursprung haben.*

MARGOT FRIEDLÄNDER

Die Geschichte des Judentums in Deutschland ist definitiv nicht zu Ende! Dafür sorgen viele mutige Menschen, und daher brauchen wir Politiker, die dieses Land und die Demokratie schützen.

SABINE LEUTHEUSSER-SCHNARRENBERGER

Und wir brauchen Persönlichkeiten wie Sie, Frau Friedländer, die ihre Stimme erheben und mahnen.

MARGOT FRIEDLÄNDER
Ich weiß, dass ich auf euch zählen kann. Aber mein Anteil ist nur ein ganz geringer. Ihr dürft meine Aufgabe auch nicht überschätzen.

SASCHA HELLEN
Sie haben Ihren Mann Adolf in Theresienstadt wiedergetroffen …

MARGOT FRIEDLÄNDER
Ja, und ich muss Ihnen gestehen: Als junges Mädchen mochte ich meinen Mann überhaupt nicht. Aber in Theresienstadt jemanden zu treffen, den man von früher kannte … in diesem Fall vom Kulturbund, aus besseren Zeiten, das war natürlich wunderbar, ich war sehr glücklich darüber. Zuvor hatte ich ihn nur als »Herr Friedländer« gekannt. Er war elfeinhalb Jahre älter als ich und in einer verantwortungsvollen Verwaltungsposition tätig. Er erschien mir immer hochnäsig.
Das hat sich natürlich geändert …

SABINE LEUTHEUSSER-SCHNARRENBERGER
Sie haben einander gesiezt?

MARGOT FRIEDLÄNDER
Ja, noch von früher. Aber in Theresienstadt haben wir uns gesehen und sofort mit dem Vornamen angesprochen. Das war irgendwie gar keine Frage. Ich war so erleichtert!
Endlich ein vertrautes Gesicht zu sehen. Wir konnten über gemeinsam Erlebtes sprechen. Ich habe mir ge-

dacht: Wenn er hier ist, dann wird er sich auch um mich kümmern. Wenn wir uns getroffen haben, haben wir uns eine halbe Zigarette geteilt.

SASCHA HELLEN
Was war das Besondere an Ihrem Mann?

MARGOT FRIEDLÄNDER
Es war leicht, mit ihm verheiratet zu sein. Er war sehr fein, sehr ruhig. Ich habe in den 52 Jahren unserer Ehe, die sehr glücklich war, nie ein böses Wort von ihm gehört. Mein Mann war intelligent, stand vor dem Abschluss seiner Doktorarbeit.

SASCHA HELLEN
Doktor worin?

MARGOT FRIEDLÄNDER
Dr. phil., Business-Administration.
Aber dann kam ja alles anders ... Die Doktorarbeit war geschrieben, aber Hitler ergriff 1933 die Macht. Der Professor wurde von der Uni entlassen, und somit ist auch aus der Doktorarbeit nichts geworden. Mein Mann konnte sie keinem anderen Professor geben.

SASCHA HELLEN
Was hat Ihr Mann in Amerika gemacht?

MARGOT FRIEDLÄNDER
Es gab das »92Y«, welches ich zu Beginn unseres Gespräches schon einmal erwähnt habe, ein großes Kultur-

Moderne Frau, großes Vorbild:
Mutter Guschi.

aus glücklichen Zeiten: Margot Friedländer mit ihren Eltern und Bruder Ralph.

Nach der Trennung des Vaters war die Bindung zwischen Margot, ihrer Mutter und Ralph noch inniger. Hier bei einem Ausflug im Sommer 1937.

Mit Ralph. Das Verhältnis zwischen den Geschwistern war sehr eng.

Bruder Ralph. Showmaster Hans Rosenthal sagt späte über ihn: „Er war immer der Klassenprimus. Ralph musste man schlichtweg gernhaben."

Überfahrt in die USA 1946. Margot und Adolf Friedländer kurz vor der Einfahrt in den Hafen von New York. Hier
innt ein neues Leben.

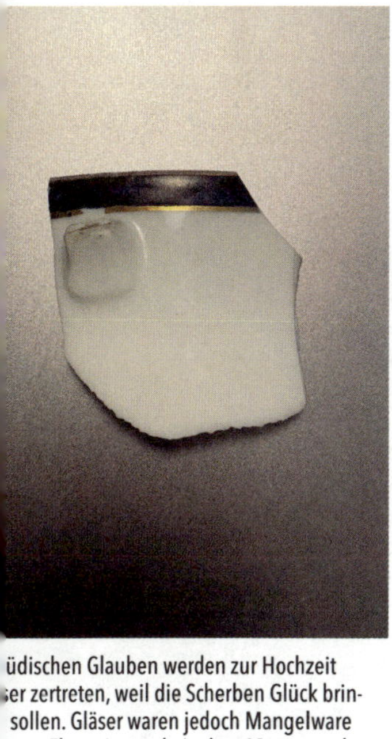

üdischen Glauben werden zur Hochzeit
er zertreten, weil die Scherben Glück brin-
sollen. Gläser waren jedoch Mangelware
ager Theresienstadt, in dem Margot und
lf Friedländer 1946 heirateten. Stattdessen
de eine Tasse zertreten. Mazel Tov!

Neustart in den USA: mit Ehemann Adolf und einem ihrer ersten Autos. Nach den schwierigen Jahren in Deutschland zeichnet sich langsam ein gewisser Wohlstand ab.

Mit Ehemann Adolf. Das Paar verbrachte die Wintermonate regelmäßig in Palm Springs und floh vor der Kälte aus New York.

11. Februar 2010: Ankunft am Flughafen Tegel aus New York. Endlich nach Berlin zurückgekehrt.

önliche Freunde von Margot Friedländer: Bundespräsident Frank-Walter Steinmeier und Gattin Elke.

ße Wertschätzung, die auf Gegenseitigkeit beruht: Mehrfach sind sich Bundeskanzlerin Angela Merkel und Margot
dländer begegnet. Auf Wunsch der Bundeskanzlerin hat sie auch mit Jugendlichen auf Rügen diskutiert.

Späte Wiedergutmachung: Ma
got Friedländer ist Ehrenbürge
der Stadt Berlin. Im Juni 2018
wurde ihr die bedeutendste Au
zeichnung Berlins verliehen. M
als 60 Jahre, nachdem sie die
Stadt verlassen hat, überreicht
ihr der Regierende Bürgermei
Michael Müller, und der Präsid
des Abgeordnetenhauses, Ralf
Wieland, die Urkunde.

Fußballnationalspieler Leon Goretzka engagiert sich laut gegen Antisemitismus und Intoleranz. Es war sein Wunsch, Margot Friedländer zu treffen. Sabine Leutheusser-Schnarren
ger ermöglichte die Begegnur
in Berlin.

Blick nach vorn: Auch im 100.
Lebensjahr kennt Margot Fried
länder keinen Stillstand. Sie
pflegt ihren großen Freundesk
in Berlin, die Gespräche halter
sie jung. Hier auf dem Boot ei
Freundes auf dem Wannsee.

ler Gang durch das Stelenfeld am Denkmal der ermordeten Juden Europas.

Einer der ersten Auftritte mit Mandat: Sabine Leutheusser-hnarrenberger ist eine leiden-aftliche Kämpferin für Europa. Beginn ihrer politischen Lauf-n wirbt sie für die europäische Staatengemeinschaft.

Im Wahlkampf. Früher nutzte iabine Leutheusser-Schnarren-rger jede Gelegenheit, um mit Bürgerinnen und Bürgern ins präch zu kommen. Wahlkampf war ihr ein großes Anliegen. leute ist sie ehrenamtlich poli-aktiv, u.a. als stellvertretende Vorsitzende der Friedrich-Naumann-Stiftung für die Freiheit.

Zusammen mit de
damaligen bayeri-
schen Ministerprä
denten Horst Seeh
und Gattin Karin b
Neujahrsempfang
in der Bayerischen
Staatskanzlei.

Sabine Leutheusse
Schnarrenberger is
ehrenamtlich Antis
mitismusbeauftrag
in Nordrhein-West
falen. Sie hat eine
Lesereihe ins Lebe
gerufen, bei der
prominente Künst-
lerinnen und Küns
Texte lesen, die sic
mit dem Holocaus
beschäftigen. Auch
Schauspielerin Ka-
tharina Thalbach h
hieran mitgewirkt.

zentrum im Herzen von New York. Mein Mann hatte eine hohe Stellung im »92Y« und war eine anerkannte Persönlichkeit. Jede Abteilung hatte einen Direktor, die jüdische Abteilung einen Rabbiner, der sich natürlich auch um religiöse Themen und Angelegenheiten kümmerte. Wir haben uns recht schnell eingelebt, an den lectures teilgenommen und an anderen Veranstaltungen, schnell Kontakte geknüpft und Freundschaften geschlossen.

SABINE LEUTHEUSSER-SCHNARRENBERGER
Waren das ausschließlich jüdische Freunde?

MARGOT FRIEDLÄNDER
Großteils. Die meisten unserer Freunde waren Immigranten – zum Beispiel hatte ich Cousins zweiten Grades, mit denen ich sehr eng verbunden war. Oder frühere Bundesbrüder und Freunde meines Mannes – teilweise noch aus der Studienzeit. Natürlich hat sich unser Leben weitestgehend in der jüdischen Community abgespielt, schon allein durch die Position meines Mannes. Wir haben relativ schnell Fuß gefasst, als wir ein Jahr nach dem Krieg in die USA ausgewandert sind. Natürlich mussten wir vieles nachholen, und natürlich brauchten wir Zeit, um Freiheit wiederzuentdecken. Freiheit zu leben, Freiheit zu spüren. Wir hatten Nachholbedarf.

SASCHA HELLEN
Frau Leutheusser-Schnarrenberger, Freiheit hat auch für Sie eine besondere Bedeutung. Es ist eine der Kernaussagen Ihrer liberalen Politik.

SABINE LEUTHEUSSER-SCHNARRENBERGER
Freiheit ist DAS entscheidende Kernelement der Demokratie. Jeder von uns wünscht sich ein Leben in Freiheit, denn nur wer sein Leben frei gestalten kann, ist in der Lage, sich entsprechend zu entwickeln. Manchmal habe ich den Eindruck, dass uns nicht klar ist, wie wertvoll dieses Gut für uns ist. Wir haben uns zu sehr daran gewöhnt, und es ärgert mich, dass zunehmend die Freiheit scheibchenweise stirbt. Gesetze sorgen dafür, dass die Privatsphäre eingeschränkt wird, das Demonstrationsrecht oder andere Freiheitsrechte. Natürlich sind wir alle dem Grundgesetz von 1949 verpflichtet. Am Grundgesetz muss sich jedes Gesetz messen lassen, und das Grundgesetz ist deshalb so erfolgreich in unserer Demokratie, weil die Ewigkeitsgarantie unangetastet bleibt. Wir dürfen das Grundgesetz nicht infrage stellen, können aber selbstverständlich Entscheidungen anzweifeln, bei denen unsere freiheitlichen Werte beschnitten werden. Ich würde mir wünschen, dass wir manchmal mutiger sind und für diese Werte einstehen und streiten.

SASCHA HELLEN
Ist der Ton in den Parlamenten rauer geworden?

SABINE LEUTHEUSSER-SCHNARRENBERGER
Durch den Einzug der AfD in den Bundestag und in die Länderparlamente – ja, definitiv.

MARGOT FRIEDLÄNDER
Ich sage Politikern immer: Eure Worte sind wunderbar ... aber Taten – ihr müsst was tun. Den Worten müssen Taten folgen!

SABINE LEUTHEUSSER-SCHNARRENBERGER
Ganz genau. Wir brauchen sozusagen einen Aufstand der Anständigen! Viel zu oft wurden und werden Grenzen überschritten. Es ist unerträglich, mit welcher Rhetorik manche Abgeordnete, besonders der AfD, hetzen. Es ist unerträglich, wie herablassend sich manche Abgeordnete gegenüber Frauen und Ausländern äußern. Dies macht sich auch in den sozialen Medien bemerkbar. Ich stelle immer mehr fest, dass die sozialen Medien zu sogenannten asozialen Medien verkommen, denn Populismus und Hass gewinnen hier häufig die Oberhand. Dies alles vergiftet das politische Klima und die Gesellschaft und bereitet natürlich auch einen Nährboden vor, der brandgefährlich ist. Wir haben dies zum Beispiel bei der Ermordung des Kasseler Regierungspräsidenten Walter Lübcke gesehen. So etwas darf nicht wieder passieren. Wir müssen auch strengere Gesetze haben, die den Hass im Internet bekämpfen.

SASCHA HELLEN
Frau Friedländer, erst 2010 sind Sie wieder hierher, nach Deutschland, zurückgezogen. Was hat Sie dazu bewogen, nach über 60 Jahren in Amerika?

MARGOT FRIEDLÄNDER
64 Jahre, ganz genau gesagt. Nun ... ich habe mich in New York nie wirklich zu Hause gefühlt. Ich habe dort gewohnt und gelebt, aber mein Zuhause ist Berlin. Immer gewesen. Jeder sagt auch zu mir: Du bist eine richtige Berlinerin! Als ich im Mai 2003 gemeinsam mit dem Regisseur Thomas Halaczinsky auf Einladung des Senats hier war – mit Thomas habe ich später den Film »Don't

call it Heimweh« gedreht –, bin ich am ersten Nachmittag nach meiner Ankunft spazieren gegangen durch die Straßen, von denen ich noch alle Straßennamen kannte, und wusste einfach: Hier gehöre ich hin. Ich hab' mich an so viele Dinge erinnert. Das war alles vertraut. Wir haben an der Leibnizstraße, Ecke Kurfürstendamm gestanden ... Da hab' ich gesagt: »Ich bin so froh, in einer so schönen Stadt geboren zu sein.« Und innerlich hab' ich gedacht: Na, wenn ich zehn Jahre jünger wär' ...! Mit Barbara Böhm, die uns damals betreut hat, bin ich kurz darauf durch die Mommsenstraße gegangen. Dort, wo noch viele alte Häuser stehen, mit Stuck dran. Und wieder hab' ich gedacht: Wie schön! Das ist mein Berlin! Hier könnte ich wohnen! Und dann habe ich es laut ausgesprochen: »Wenn ich zehn Jahre jünger wär', dann würd' ich es mir überlegen!«

SASCHA HELLEN
Was ist Ihnen von Ihrem ersten Besuch ganz besonders in Erinnerung geblieben?

MARGOT FRIEDLÄNDER
Sie werden lachen: weißer Spargel. Am ersten Abend bin ich mit Thomas ins Café Paris gegangen und aß den ersten Spargel seit Jahrzehnten. Dabei gingen mir unendlich viele Erinnerungen durch den Kopf ... gute und schlechte, traurige und schöne Momente meiner Kindheit.

SABINE LEUTHEUSSER-SCHNARRENBERGER
Aber damals haben Sie noch keinen ernsthaften Versuch unternommen, wieder zurückzukommen ...

MARGOT FRIEDLÄNDER
Nein, es hat dann noch mal fast sieben Jahre gedauert. Als ich rübergekommen bin, war ich fast 88 Jahre alt.

SABINE LEUTHEUSSER-SCHNARRENBERGER
Was war der konkrete Anlass?

MARGOT FRIEDLÄNDER
Zunächst einmal der Film, den Thomas 2003 in Berlin gedreht hatte und der 2005 auch beim Jüdischen Filmfestival in Berlin gezeigt wurde. Und dann mein erstes Buch. Es wurde 2008 veröffentlicht, und ein Jahr später habe ich den Einhard-Preis bekommen. Ich kam nach Seligenstadt zur Verleihung, gab Lesungen. Danach bin ich zurückgeflogen. Und schon im Flugzeug arbeitete es in mir. Zurück in New York, saß ich alleine in meiner Wohnung, es war ein Feiertag, alles war so ruhig. Und hab' mich gefragt: Was machst du eigentlich in New York? Du kannst so viel mehr machen! In meinem Gepäck hatte ich die Broschüre der Tertianum Residenz. Kurz entschlossen habe ich angerufen und mit einem sehr netten Herrn gesprochen. Ich fragte: »In Ihrem Prospekt steht, dass man Probe wohnen kann ... Geht das auch etwas länger, vielleicht ein paar Monate?« Als Nächstes habe ich André Schmitz angerufen, den ehemaligen Kulturstaatssekretär, den ich ja schon bei meinem zweiten Besuch in Berlin kennengelernt hatte. Wir sind seit 2004 befreundet. Ich bat ihn, sich das einmal anzuschauen, denn selbst war ich noch nie hier gewesen, ich kannte nur die Broschüre. Am nächsten Tag hat mich André zurückgerufen. Er war begeistert. »Das ist wunderschön!«,

hat er gesagt. Da ist mein Entschluss gefallen. Im Juli 2009 hab' ich meine Wohnung in New York abgesperrt und bin nach Berlin gereist, um hier Probe zu wohnen. Im Gepäck hatte ich nur Kleidung. Die Ankunft in Berlin war am 15. Juli 2009, am Geburtstag meines Mannes.

SASCHA HELLEN
Warum gerade dieses Datum?

MARGOT FRIEDLÄNDER
Ich denke, das war tatsächlich Zufall ... Jedenfalls glaube ich nicht, dass ich mit Absicht dieses Datum gewählt hatte.

SABINE LEUTHEUSSER-SCHNARRENBERGER
Wow, ein ganz schöner Schritt mit 88 Jahren. So ganz alleine. Sehr mutig!

MARGOT FRIEDLÄNDER
Vielleicht. Aber ich habe in meinem Leben wahrlich schon ganz andere Dinge durchgestanden ... Und es hat sich so was von richtig angefühlt. Sofort! Es war einfach großartig, ich war wieder zu Hause. Im Februar habe ich dann beschlossen, meine Wohnung in New York komplett aufzulösen. Ich bin für einen Monat zurückgeflogen, um alles abzuwickeln. Und seitdem wohne ich hier und bin glücklich und dankbar, dass ich diesen Schritt gewagt habe.

SASCHA HELLEN
War es schwierig, die Wohnung in Queens aufzulösen?

MARGOT FRIEDLÄNDER

Ich hatte in New York nichts, was ich verlieren würde. Alles in allem brauchte ich nur einen Monat für die Wohnungsauflösung. 99 Kisten habe ich gepackt, mich von Freunden und den Mitarbeitern und Weggefährten im »92Y« verabschiedet. Dann musste ich noch alle bürokratischen Dinge erledigen und konnte am 18. März endgültig ins Flugzeug steigen, um nach Berlin zu fliegen.

SASCHA HELLEN

Hatten Ihre amerikanischen Freunde Verständnis für diesen Schritt?

MARGOT FRIEDLÄNDER

Ja, im Großen und Ganzen schon. Einige haben nichts dazu gesagt, andere haben es nicht verstehen können. Wieder andere haben es sogar begrüßt, sich für mich gefreut. Natürlich war es kein Geheimnis, schon alleine durch die unzähligen Reisen nach Europa in den Jahren zuvor, dass mein Herz immer noch an Berlin hängt. Es ist meine Stadt, meine Sprache, meine Gefühle, meine Kindheit, mein Alles. Am 7. April schloss sich dann der Kreis, und ich erhielt meine deutsche Staatsbürgerschaft zurück. Die Staatsbürgerschaft, die mir die Nazis enteignet hatten. Ich habe mich nicht dafür bedankt, sondern gesagt: »Ich bedanke mich heute ausdrücklich nicht – denn Sie geben mir nur das zurück, was Sie mir vor vielen Jahren genommen haben.« Ich war wieder zu Hause.

SASCHA HELLEN

Das Ende eines Kapitels. Erinnern Sie sich denn noch

an seinen Anfang? Mit welchen Emotionen sind Sie damals nach New York aufgebrochen?

MARGOT FRIEDLÄNDER
Natürlich wollte ich auch Deutschland hinter mir lassen. Nach all dem, was wir erlebt hatten, nach all dem, was wir spüren mussten, brauchten wir einen Neuanfang. Wir mussten Abstand gewinnen. Ich wusste, dass New York nie Heimat werden wird. New York war ein Zuhause ... aber es gibt Unterschiede zwischen Heimat und Zuhause. Heimat ist – das klingt vielleicht jetzt ein bisschen kitschig – ein Gefühl. Natürlich haben wir uns in New York wohlgefühlt, aber ich bin dort nie wirklich angekommen.

SABINE LEUTHEUSSER-SCHNARRENBERGER
Anders als in Berlin?

MARGOT FRIEDLÄNDER
Definitiv. Trotz der vielen Jahre, die ich weg war, war Berlin doch immer in meinem Herzen.

SASCHA HELLEN
Und Sie haben mit der Rückkehr nach Deutschland wieder Ihren alten Namen angenommen.

MARGOT FRIEDLÄNDER
Ja, nach über 60 Jahren wurde aus Friedlander wieder Friedländer. Meine deutsche Staatsbürgerschaft habe ich mit Umlaut bekommen. Die Folge der Einbürgerung sind halt auch zwei Punkte auf dem a.

SASCHA HELLEN
Wann sind Sie damals, nach dem Krieg, in New York angekommen?

MARGOT FRIEDLÄNDER
Wir sind in New York eingelaufen am 28. Juli 1946. Es war ein brütend heißer Tag, die Sonne knallte. Ich war viel zu warm angezogen, trug einen schweren Mantel. Diesen hielt ich die ganze Zeit im Arm, ich wollte ihn schlichtweg nicht aus den Augen lassen, denn der Mantel gehörte zu dem wenigen Hab und Gut, welches wir hatten. Es war eine Reise ins Ungewisse, und diese Kleidung gehörte zusammen mit dem Kostüm und dem Herrenmantel, den mein Mann uns schneidern ließ, zu den kostbarsten Besitztümern.

SABINE LEUTHEUSSER-SCHNARRENBERGER
Hatten Sie irgendwelche Kontakte in New York, die Sie ansprechen konnten?

MARGOT FRIEDLÄNDER
Ja, Ilse, die Schwester meines Mannes. Ilse hatte ja schon lange in Italien gelebt, ist von dort in die USA gegangen. Sie hatte es rechtzeitig geschafft. Es war herzzerreißend, zu sehen, wie sich beide wieder begrüßten. Acht Jahre zuvor hätte dieses Wiedersehen eigentlich stattfinden sollen. Es war alles geplant, mein Mann wollte zusammen mit seiner Mutter ausreisen. Die Kisten waren gepackt, bereits nach England verschickt. Die Mutter überlebte den Naziterror nicht, wurde in Auschwitz umgebracht, und die Kisten – das ganze Hab und Gut der

Familie – kamen nie in Amerika an. Wahrscheinlich wurden auch diese Kisten, wie viele andere von jüdischen Familien, durch die Nazis geplündert. Ich weiß nicht, was in meinem Mann vorging, als das Schiff in New York einlief. Ich kann nicht ansatzweise erahnen, was er gefühlt haben muss, als plötzlich seine Schwester vor ihm stand. Wahrscheinlich hatte auch er nicht daran geglaubt, das KZ Theresienstadt zu überleben.
Ilse war von Anfang an besonders herzlich zu mir. Sie half uns, wo sie konnte, und auch Allan, Ilses Mann, war stets mit Rat und Tat zur Stelle. Er war ein französischer Jude.

SASCHA HELLEN
Was hatten Sie noch alles dabei?

MARGOT FRIEDLÄNDER
Wir hatten ja eigentlich nichts. Unsere Kleidung und unseren Koffer. Ich erinnere mich noch an den Gesichtsausdruck des Zollbeamten in New York, der unseren Koffer öffnete. Da waren eine kleine Bratpfanne und ein Kochtopf drin und ein wenig Wäsche. Das war's.

SASCHA HELLEN
Gibt es heute denn noch irgendetwas, unabhängig von der Kette der Mutter, das Sie an die Zeit in Theresienstadt erinnert?

MARGOT FRIEDLÄNDER
Ich habe über viele Jahre bis kürzlich noch Handtücher aus Theresienstadt aufbewahrt und damit immer meine

Pullover getrocknet. Diese hatte ich von Leuten erhalten, die nach der Befreiung sofort in die Heimat zurückgegangen sind und ihr ganzes Hab und Gut zurückgelassen haben.

SASCHA HELLEN
Wie ging es nach Ihrer Ankunft in New York weiter?

MARGOT FRIEDLÄNDER
Wir wurden am Pier abgeholt und fuhren mit dem Bus zu einem Hotel in der Nähe des Broadways. Nun standen zwei Menschen zum ersten Mal in einem neuen Land, in einer fremden Stadt, mit all unseren Emotionen, dem Erlebten und den vielen Eindrücken der letzten Jahre. Wir fühlten uns allein, wir fühlten uns ausgebrannt. In den letzten Jahren hatten wir so viel Kraft aufbringen müssen, um zu überleben. Wir haben so viele Ereignisse verarbeiten müssen. Wobei – verarbeiten ist sicherlich der falsche Begriff. Wir hatten sie erst einmal hinnehmen müssen. Ich weiß noch, ich war überwältigt vom Anblick der Stadt, der Reise und den Szenen bei der Ankunft. Aber uns war auch klar: Jetzt fängt ein neues Leben an.

SABINE LEUTHEUSSER-SCHNARRENBERGER
Ich wurde nach dem Krieg geboren, 1951. Ich erinnere mich noch gut an die Jahre des sogenannten Wirtschaftswunders in Deutschland. Wiederaufbau ... Aber natürlich habe ich die Fülle von Zerstörung und Krieg nicht miterlebt. Meine Eltern haben ihre Existenz halten können. Sie hingegen mussten sich ein komplett neues Leben aufbauen ...

Ich habe dieses Bild vor mir: Jetzt sind Sie in New York. Alles ist neu, und Sie haben natürlich beide dieses Schicksal – im Herzen und in den Köpfen. Was haben Sie in den ersten Tagen gemacht?

MARGOT FRIEDLÄNDER
Eigentlich hatten wir kaum Zeit, um diesen Gedanken freien Lauf zu lassen, denn bald kam der Cousin meines Mannes, Fred, mit seiner Frau Hannah, um uns zu begrüßen. Ilse und Allan hatten eine Begrüßungsfeier organisiert. Wir machten uns nur kurz frisch und fuhren los. Der Cousin hatte seinen Wagen direkt vor dem Hotel geparkt. Es war ein wuchtiges Auto, ich erinnere mich noch. Strahlend blau. Es war ein Cabrio, das Verdeck war offen, und ich dachte: Er muss sehr wohlhabend sein. Wir fuhren den Broadway entlang, es war ein Samstagabend. Überall Menschenmassen, die sich durch die Straßen schoben, Lärm, Bewegung, Alltag. Die Geschäfte waren geöffnet und hell erleuchtet. Das war für mich eine ganz andere Welt. Es gab hier plötzlich alles. Im Vorbeifahren sah ich Obst, Kleidung, Schuhe, Gemüse ... Das war ein Stadtleben, wie ich es noch nie gesehen hatte. Noch mal ganz anders als in Berlin. Irgendwann sind wir dann in eine ruhige Straße eingebogen und standen in der Wohnung unserer Verwandten. Es war ein schöner Abend, der bis tief in die Nacht ging. Fred und Hannah verabschiedeten sich, und Ilse und Allan brachten uns später mit einem Taxi zurück ins Hotel. Ich habe so viele Eindrücke wahrgenommen, die aber genauso schnell auch wieder verflogen waren. Ich habe keine detaillierte Erinnerung mehr, über was

wir gesprochen haben. Allan sprach kein Deutsch, sondern nur Französisch, was mein Mann auch fließend sprach ... Ich leider nicht. Ich konnte nur etwas Schulenglisch. Die ersten Tage vergingen wie im Rausch, mir ist kaum etwas im Gedächtnis geblieben. Ilse erklärte meinem Mann, wie wir am nächsten Tag wieder zu ihnen finden würden. Wir schliefen kaum eine Nacht. Wir waren zu aufgewühlt, zu nervös, sind nicht zur Ruhe gekommen. Es war alles neu, und natürlich wussten wir auch noch nicht, wie unser Leben ab jetzt aussehen sollte. Wir sind ganz früh aufgestanden, gingen die ganze Strecke zu Fuß, statt Geld für die Tickets für die Straßenbahn auszugeben. Damals gab es noch eine Straßenbahn in New York. Es war ein weiter Weg, aber es war es wert! Die Straßen waren wieder voller Menschen, und wir konnten uns nicht sattsehen an den Schaufenstern. Selbst an Sonntagen hatten die Geschäfte geöffnet, besonders die für Lebensmittel und Obst. Es war eine komplett neue Welt.

SABINE LEUTHEUSSER-SCHNARRENBERGER
Erinnern Sie sich noch, was Sie sich als Erstes gekauft haben?

MARGOT FRIEDLÄNDER
Ich konnte nicht widerstehen und kaufte drei Bananen.

Alle lachen. Ausgerechnet Bananen! Ist das nicht auch das Klischee im Zusammenhang mit dem Mauerfall, dass Ostbürger zunächst »Westfrüchte« kaufen wollten? Auf der anderen Seite macht es auch deutlich, wie

groß die Sehnsucht nach diesen einfachen Dingen des Lebens war. Sehnsucht nach Normalität.
Überhaupt ist unser Gespräch nicht vorrangig durch Schwere oder gar Melancholie geprägt, wie es das Thema vermuten lassen könnte. Margot Friedländer ist ein lebenslustiger Mensch, zeigt Herzlichkeit, Offenheit und Humor. Wir fühlen uns sehr wohl in ihrer Gegenwart.

MARGOT FRIEDLÄNDER
Das Schlimme ist, ich habe die Bananen gar nicht gegessen. Wir waren zum Frühstück bei Ilse und Allan eingeladen, dort habe ich sie vergessen. Als wir ankamen, hatte Ilse gerade den Speck für die Eier angebraten und zu meinem großen Entsetzen das Fett weggegossen. Das ist mir unvergesslich geblieben. Nach dem Frühstück und langen Gesprächen sagte Ilse, wir sollten uns noch etwas hinlegen, denn am Nachmittag würden einige alte Freunde meines Mannes kommen. Wir wollten das eigentlich nicht, haben dann aber doch so fest geschlafen, bis Ilse uns aufweckte, als bereits alle da waren.
An die Bananen habe ich nicht mehr gedacht, als uns die beiden später ins Hotel brachten. Und Allan aß die Bananen, ohne zu ahnen, woher sie kamen, wer sie gekauft hat und vor allem welche Bedeutung sie für den Besitzer haben könnten. Wir haben später oft darüber gelacht.

SASCHA HELLEN
Wie ging es in New York weiter? Haben Sie schnell in einen Alltag gefunden?

MARGOT FRIEDLÄNDER
Wir trafen Freunde wieder und Menschen, die wir aus Deutschland kannten. Es war schön, vertraute Gesichter zu sehen. Zum Beispiel auch Hans, den besten Freund meines Mannes. Auch er war mit seiner Frau Lillie erst nach London und während des Krieges dann nach New York emigriert. Adolf und Hans waren Bundesbrüder und die besten Freunde, mein Mann war sein Trauzeuge. Die ersten Tage in Amerika haben auch noch einmal meine Sichtweise auf Adolf verändert. Am Montag ging er als Erstes zum Friseur, danach ging seine Schwester mit ihm einkaufen in ein sehr gutes Geschäft für Herrenartikel, dort kaufte er sich einen Anzug. Danach sah mein Mann wieder so gut aus, wie ich ihn von früher im Kulturbund kannte. In all den Jahren unserer Ehe blieb er stets ein eleganter Mann, gut angezogen. Wir waren ein Jahr zuvor befreit worden – ein Traum, mit dem wir nicht mehr gerechnet hatten. Ich hatte immer mehr Fragen als Antworten. Konnten wir uns vorstellen, überhaupt in Freiheit zu leben? Habe ich meinen Mann geliebt, und war ich zur Zeit unserer Heirat überhaupt in der Lage, Gefühle zu entwickeln? ... Ich frage mich oft, was Liebe ist. Ich fühlte eine tiefe Verbundenheit, nicht zuletzt durch das gemeinsam Erlebte. Mein Mann war mein Beschützer und mein Vorbild. Ob ich ihn geliebt hab'? ... Ich weiß es nicht. Er vermittelte mir Sicherheit, und ich habe ihn verehrt, geschätzt und lieb gehabt. Das alles ist sicherlich stärker als Liebe im Sinne von Verliebtheit.

SABINE LEUTHEUSSER-SCHNARRENBERGER
Wie lange waren Sie verheiratet?

MARGOT FRIEDLÄNDER
52 Jahre. Eine lange Zeit, und wir haben viel Schönes gemeinsam erlebt. Unsere Ehe war eine besondere Ehe – auch weil wir auf einen gemeinsamen Erfahrungshorizont zurückblickten. Es war leicht, Erinnerungen zu teilen. Das Schicksal, auch wenn es unterschiedlich verlaufen ist, hat uns verbunden. Wir mussten nicht viel darüber sprechen, wir wussten, was das bedeutete. So ging es uns auch bei der Begegnung mit Hans und Lillie. Lillie verlor in Auschwitz ihre Mutter, Hans beide Eltern. Wir haben nie über die Vergangenheit gesprochen. Das Wort Auschwitz wurde nicht ausgesprochen. Manchmal fielen einige Sätze, dann wurde schnell das Thema gewechselt.

SABINE LEUTHEUSSER-SCHNARRENBERGER
Hat sich das im Laufe der Jahre geändert?

MARGOT FRIEDLÄNDER
Kaum. Jeder hat das Erlebte mit sich selbst ausgemacht.

SASCHA HELLEN
Haben Sie heute noch Kontakt zu anderen Holocaustüberlebenden?

MARGOT FRIEDLÄNDER
Wir hatten gute Bekannte, die aber in Los Angeles lebten. Erst nach vielen Jahren in den USA haben wir sie wiedergesehen, als wir von New York nach Kalifornien fuhren. Dann sind wir noch sehr lange in Kontakt geblieben. Auch hatten wir einen sehr guten Freund in

Amerika, mit dem wir zusammen auf dem Schiff waren, aber er ist schon lange tot. Ich bin noch mit seinen Kindern in Kontakt. Sein Sohn ist Arzt geworden. Wir hatten Kurt Kohorn – so hieß er – im Lager in Theresienstadt kennengelernt, ein Tscheche, der von Theresienstadt nach Auschwitz kam und nach dem Krieg wieder nach Theresienstadt zurück, um nach Freunden zu fahnden. Ich habe aber nie gezielt Kontakte zu anderen Holocaustüberlebenden gesucht.

SASCHA HELLEN
Unabhängig von der Ausreise nach Amerika, war es für Sie nie eine Alternative, ins damalige Palästina auszuwandern?

MARGOT FRIEDLÄNDER
Nein, das kam für uns nicht infrage. Zumindest haben wir darüber nie nachgedacht. Mein Mann wollte nach Amerika zu seiner Schwester.

SASCHA HELLEN
Und waren Sie denn jemals in Israel?

MARGOT FRIEDLÄNDER
Ja, einmal. Allerdings erst sehr spät in meinem Leben, lange nach dem Tod meines Mannes. 2009 habe ich auf Einladung des Goethe-Instituts Jerusalem besucht. Von Berlin aus flog ich mit André Schmitz und Thomas Spaar, um dort an der Buchmesse teilzunehmen, wo ich mein erstes Buch vorstellte. Ein wunderbares Erlebnis – ich konnte mich gar nicht sattsehen! Eine ganz

besondere Stimmung. Wir wurden herzlich aufgenommen, und man hat uns unheimlich viel gezeigt. Natürlich waren wir auch in Yad Vashem. Dies hat mich doch sehr bewegt.

SABINE LEUTHEUSSER-SCHNARRENBERGER
Yad Vashem hat eine besondere Dimension. Ein solcher Besuch sollte eigentlich Pflichtprogramm für jeden deutschen Schüler sein.

MARGOT FRIEDLÄNDER
Es gibt diesen Raum, in dem der Kinder gedacht wird. 1,5 Millionen Kinder, die im Holocaust gestorben sind. Ich erinnere mich daran, dass mich dieser Raum unendlich traurig gemacht hat.

SASCHA HELLEN
Warum sind Sie 1946 nicht nach Brasilien gegangen, zu Ihrer Tante Jetti?

MARGOT FRIEDLÄNDER
Ich hatte mit dem Gedanken gespielt, aber ungern. Dann aber bin ich natürlich mit meinem Mann nach Amerika zu seiner Schwester, und die Frage hat sich damit gar nicht mehr gestellt.

SABINE LEUTHEUSSER-SCHNARRENBERGER
Was ist aus Tante Jetti geworden?

MARGOT FRIEDLÄNDER
Die ist in Brasilien gestorben. Ihr Sohn – also mein

Cousin – ist bereits 1934 nach Brasilien gegangen. Er war hier im Ruderclub »Welle-Poseidon« aktiv. Ein sehr großer und sportlicher Typ. Ich habe ein Bild, das ihn zusammen mit drei anderen auf dem Schiff zur Auswanderung nach Brasilien zeigt. Ein sehr tüchtiger junger Mann, Konfektionär, und er hat später auch in Brasilien eine Fabrik aufgemacht, die Mäntel und Kostüme herstellte. Wahrscheinlich hatte er den richtigen Riecher. 1935 hat er es dann geschafft, seine Eltern nach Brasilien zu holen und auch seine Freundin, die nicht jüdisch war. Die beiden haben dort geheiratet. Ich hab' ehrlich gesagt nicht an Tante Jetti gehangen ... Ihr Mann, der auch Adolf hieß, war hingegen sehr, sehr nett. Aber Jetti war ganz anders als meine Mutter, das genaue Gegenteil. Sie war ein tougher Knochen. Für meine Begriffe hat sie sich nicht genug bemüht, ihre Schwester und die Kinder rauszubekommen. Und nach dem Krieg musste ich mich entscheiden: Zurück nach Berlin oder nach Brasilien zu Tante Jetti oder mit meinem Mann in die USA. Also, was mache ich? Ich hatte ein ungutes Gefühl bei Tante Jetti, die uns damals die Papiere geschickt hatte ...

SASCHA HELLEN
Die ja gefälscht waren.

MARGOT FRIEDLÄNDER
Ja, die gefälscht waren. Natürlich war das nicht allein ihre Schuld, denn sie war ja auf Betrüger hereingefallen, die ihr versprochen hatten, die Papiere seien okay. Aber ich hätte dennoch erwartet, dass sie auch danach noch versucht, uns mit aller Kraft zu helfen ... Sie konnte doch ihre

Schwester nicht einfach im Stich lassen. Stattdessen aber kamen dann nur ein paar magere Zeilen: »Wir können nichts weiter für Euch tun.« Das hat uns alle damals sehr enttäuscht, und daran musste ich mich auch erinnern.

SABINE LEUTHEUSSER-SCHNARRENBERGER
Wie hat Ihr Mann in Amerika beruflich Fuß gefasst?

MARGOT FRIEDLÄNDER
Er bekam relativ schnell über Allan eine Stelle in einer Druckerei angeboten. Er stand den ganzen Tag vor einer großen Maschine, die Lochkarten herstellte und die er mit Papier füttern musste. Ich war immer in Sorge, ob seine Finger heil bleiben. Ich hatte auch Glück: Mein Cousin Hermann, der ebenfalls in New York lebte, hatte eine Freundin: Sadie Golden, die in einem Kleidergeschäft arbeitete. Sie verschaffte mir dort eine Stelle als Schneiderin, und es passte wunderbar. Ich stellte mich vor, und knapp zwei Wochen später begann auch ich, in der Bronx zu arbeiten. Adolf und ich waren kaum einen Monat in diesem Land und hatten beide eine feste Arbeitsstelle. Das Gefühl war überwältigend! Wir waren finanziell unabhängig, mussten keinen Hunger mehr verspüren und hatten Geld in der Tasche. Das war ein Gefühl von Freiheit, von Unabhängigkeit, welches wir lange vermisst hatten, und es hat uns selbstständiger gemacht. Wir wurden – so kann man das, glaube ich, sagen – ins kalte Wasser geworfen. Wir konnten uns ein winziges Apartment leisten, und ich musste täglich mit der U-Bahn und auch ein Stück mit der Straßenbahn zur Arbeit fahren. Nach rund einer Stunde Fahrtzeit er-

reichte ich die Bronx, wo das Geschäft lag. Für mich war das eine ziemliche Leistung, geradezu Herausforderung. Aber ich habe es geschafft, obwohl ich schreckliche Platzangst in der U-Bahn hatte. Innerhalb von kürzester Zeit kannte ich mich im U-Bahn-Netz aus, wusste, welche Linie ich nehmen musste, und erledigte am Abend unsere Einkäufe. Es war mir wichtig, schnell einen Alltag für Adolf und mich zu schaffen. Wir lebten sparsam und bescheiden. Aber wir konnten alleine und ohne fremde Hilfe unser Leben bestreiten.

SASCHA HELLEN
Sind Sie in New York in die Synagoge gegangen?

MARGOT FRIEDLÄNDER
Ja, wir wurden zum ersten Gottesdienst in der Habonim eingeladen – das war die deutsch-jüdische Gemeinde, die von Immigranten gegründet wurde. Man sprach Deutsch und Englisch, allerdings Englisch mit sehr stark deutsch geprägtem Akzent. Das war wunderbar, ein vertrautes Gefühl. Die Gottesdienste gefielen mir sehr, die Gestaltung, insbesondere an den hohen Feiertagen, aber auch das Miteinander. Ich trug in der Synagoge das dunkle Kostüm, das mir in Deggendorf aus dem Anzug meines Mannes geschneidert worden war, und fühlte mich damit sehr elegant angezogen. Das war mir damals wichtig, und ich musste oft an meine Großeltern denken, die ein ganz besonderes Verhältnis zur Religion hatten. Später habe ich festgestellt, dass man sich nicht unbedingt dunkel kleiden muss, wenn man in die Synagoge geht. Ich hätte durchaus auch ein buntes Kostüm oder helle Far-

ben tragen können, fand das aber nicht angemessen, als mein Mann 1948 seine Position in der »92Y« anfing.

SASCHA HELLEN
Sind Sie ein gläubiger Mensch?

MARGOT FRIEDLÄNDER
Ja, ich bin gläubig. Ich habe Ihnen ja von meinen Großeltern bereits erzählt. Sie waren fromme Leute, und wir haben wunderbare Feiertage mit ihnen verlebt, ohne als Kinder groß darüber nachzudenken. Ich bin heute gläubiger, als ich es damals war, gehe an den hohen Feiertagen in die Synagoge. Ich koche und esse zwar nicht koscher und befolge auch nicht die religiösen Gesetze, aber mein Glaube ist mir durchaus wichtig.

SABINE LEUTHEUSSER-SCHNARRENBERGER
Haben Sie den Eindruck, dass jüdisches Leben heute stiefmütterlich behandelt wird?

MARGOT FRIEDLÄNDER
Sie werden lachen ... ich habe kein jüdisches Leben im klassischen Sinne. Ich habe sogar das Gefühl, von der jüdischen Gemeinde nicht anerkannt zu werden. All meine Ehrungen und Auszeichnungen, die ich erhalten habe, sind von Städten, Kommunen und nichtjüdischen Organisationen. Ich werde von der jüdischen Gemeinde kaum eingeladen. Ich weiß nicht, warum. Ich kümmere mich darum aber auch nicht, es stört mich nicht. Der israelische Botschafter in Deutschland, Jeremy Issacharoff, ist ein enger Freund von mir. Ein

wunderbarer Mensch, der mich regelmäßig besucht und mich anruft. Seine Frau und er laden mich auch regelmäßig zum Mittagessen ein. Er sagt immer: »Du gehörst zur Familie.«

SASCHA HELLEN
Sind Sie denn nicht Mitglied in der jüdischen Gemeinde?

MARGOT FRIEDLÄNDER
Ich bin der Gemeinde erst vor zwei, drei Jahren beigetreten, weil man mir gesagt hat: Wenn du auf einem jüdischen Friedhof beerdigt werden willst ...

SABINE LEUTHEUSSER-SCHNARRENBERGER
Stimmt ... da muss man da Mitglied sein. Das ist eine sehr rationale Überlegung.

Die beiden Damen lachen laut und fassen sich an den Händen.

SASCHA HELLEN
Wissen wir zu wenig übers Judentum?

MARGOT FRIEDLÄNDER
Schon möglich ... Ich versuche manchmal, an den jüdischen Feiertagen auch einigen Freunden etwas von meiner Religion zu vermitteln.

SABINE LEUTHEUSSER-SCHNARRENBERGER
Und genau deshalb ist dieses Jahr auch eine große Chance. 1700 Jahre jüdisches Leben muss nicht von den jüdi-

schen Gemeinden gefeiert werden, wir müssen mit der jüdischen Gemeinde feiern! Es ist wichtig, dass wir dieses wunderbare Datum nutzen, um uns selbst zu informieren. Wie hat jüdisches Leben uns beeinflusst und bereichert? Welche großen jüdischen Persönlichkeiten haben unser aller Leben geprägt? Wir tragen heute Jeanshosen von Levi Strauss, wir erfreuen uns an Musik von Bob Dylan, wir gucken Filme von Steven Spielberg, lesen Heinrich Heine und viele andere. Jüdisches Leben ist ganz eng mit unserer Kultur und unserer Geschichte verzahnt – manchmal ohne dass es uns bewusst ist. Wir alle haben jetzt die Chance, noch einmal viel intensiver über den Tellerrand zu schauen und in jüdisches Leben einzutauchen.

SASCHA HELLEN
Auch eine Chance, um Vorurteile abzubauen.

MARGOT FRIEDLÄNDER
Vorurteile muss man schon in der Kindheit abbauen, das ist auch eine Frage der Erziehung, das muss von den Eltern kommen. Ihr müsst es tun, indem ihr Menschen bewusst sagt, wer wir sind. Aber nicht nur wir Juden. Das gilt auch für andere Religionsgemeinschaften und Menschen, die eine andere Lebensweise haben.

SABINE LEUTHEUSSER-SCHNARRENBERGER
Nach den unzähligen Begegnungen mit jungen Menschen: Haben Sie den Eindruck, dass Ihre Mission Früchte trägt?

MARGOT FRIEDLÄNDER
Ja, definitiv. Die vielen Rückmeldungen sagen mir, dass

ich etwas erreicht habe. Alleine wüsste ich es nicht. Ich bin mir wahrscheinlich auch der Kraft und der Möglichkeit, die mir gegeben wurde, mit Menschen zu sprechen, nicht ganz bewusst. Aber ich liebe Menschen. Jeder Mensch hat eine gute Seite, die man herausstellen muss. Und – sehen wir es doch einmal ganz pragmatisch: Wenn ich mit einer Gruppe von 30 Jugendlichen spreche und erreiche nur einen oder zwei von ihnen mit meiner Botschaft, dann hat es sich auch schon gelohnt.

SABINE LEUTHEUSSER-SCHNARRENBERGER
Frau Friedländer, woher nehmen Sie die Kraft? Ihnen zuzuhören – aber auch noch mal gedanklich nachzuvollziehen, wie sich die Ereignisse zugetragen haben –, das ist schon erschütternd. Wir müssen dankbar sein, dass Zeitzeugen bereit sind, ihre Geschichte, ihr Erlebtes an uns weiterzugeben. Zeitzeugen, Menschen wie Sie sind für unsere Gesellschaft von hohem Wert – fast unschätzbar! Nichtsdestotrotz: Mit den Jahren werden wir zwangsläufig immer weniger Zeitzeugen haben. Und damit natürlich auch die Gefahr, dass Erinnerungskultur künftig vorrangig aus Gebäuden, aus Tafeln, aus Texten in Geschichtsbüchern besteht. Wenn ich die letzten Jahrzehnte Revue passieren lasse – es ist bereits sehr viel passiert. Es gibt sehr viel Didaktik und Pädagogik in Ausstellungskonzepten, aber das allein bewirkt ja nicht, dass damit der Antisemitismus verschwindet. Also: Es muss noch mehr passieren, und erst recht müssen wir versuchen, in Zukunft die fehlenden Zeitzeugen zu kompensieren. Ich unterstütze deshalb ein Projekt, das ursprünglich »Heimatsucher« hieß und sich jetzt »Zweitzeugen« nennt. Es wurde von Schü-

lerinnen und Schülern initiiert, ein zivilgesellschaftliches Projekt. Das sind mir die liebsten, denn diese Projekte bringen am meisten. Denn wenn sich Menschen wirklich auf den Weg machen und Projekte selbst initiieren, ist die Nachhaltigkeit zweifellos am größten. Den Jugendlichen wird beigebracht, wie sie in Videoaufnahmen mit Zeitzeugen umgehen und deren Leben, Erlebtes, Gefühle, Eindrücke festhalten. Und: Sie hören die Geschichte und machen sich dadurch selbst zu Zeugen. Sie werden also Zweitzeugen. Ich finde das einen spannenden Ansatz, weil auf einmal junge Menschen sich mit dem Leben von Zeitzeugen beschäftigen, zuhören und begreifen.

SASCHA HELLEN

Frau Leutheusser-Schnarrenberger, wie können Sie Ihren Erfolg als Antisemitismusbeauftragte messen?

SABINE LEUTHEUSSER-SCHNARRENBERGER

Der Antisemitismus wird ständig sichtbarer. Ich habe nie die Auffassung vertreten, dass es Zeiten gab, in denen Antisemitismus in Deutschland zurückgegangen ist. Er ist nie verschwunden, aus den Köpfen von vielen Menschen schon gar nicht. Er ist in den letzten Jahren massiver geworden, das beunruhigt mich. Es gibt eine neue Normalität des alltäglichen Antisemitismus. Unser Erfolg sind die unglaublich vielen Einzelprojekte, gerade auch mit Blick auf Erinnerungskultur, Fahrten von jungen Menschen in frühere Konzentrationslager und zu Gedenkstätten, sichtbare Projekte gegen Antisemitismus. Hier arbeiten die Ministerien ressortübergreifend zusammen. Es gibt systematische Strukturen, die helfen sollen, Antisemitis-

mus schon sehr früh sichtbar zu machen und dann auch entsprechend gegen ihn vorgehen zu können. Wir müssen unserer Verantwortung gerecht werden. Nicht nur die Erinnerungstage sind ein Anlass, sich mit der Geschichte zu befassen. Wir dürfen nie damit aufhören, Geschichte zu vermitteln. Ich bin froh, dass wir in den letzten Monaten mit den großen Fußballvereinen in Nordrhein-Westfalen eine Definition gegen Antisemitismus verabschieden konnten: die IHRA-Definition. Der 1. FC Köln, Borussia Mönchengladbach, Fortuna Düsseldorf und der VfL Bochum sind erst jüngst beigetreten. Darüber hinaus gibt es eine Reihe von anderen Vereinen, die schon dieser Definition zugestimmt haben. Fußball hat nicht nur viele Fans, er hat vor allem auch Vorbildfunktion. Dass die Vereine nun aktiv gegen Antisemitismus vorgehen, ist ein wichtiges Zeichen. Wir können hier Spitzensportler im Kampf gegen Judenhass mobilisieren.

SASCHA HELLEN
Frau Friedländer, Sie haben kürzlich Fußballnationalspieler Leon Goretzka kennengelernt.

MARGOT FRIEDLÄNDER
Ja, auf eure Vermittlung hin. Das war ein sehr schönes Gespräch, und vor allem hat mich beeindruckt, dass dieser junge Mann sich mit dem Thema und dem Problem auseinandersetzt. Ich hatte den Eindruck, er war sehr gerührt. Mich hat überrascht, dass dieses Treffen weltweit für Schlagzeilen gesorgt hat. Selbst die »Washington Post« hat darüber berichtet. Es ist schön, wenn diese jungen Menschen etwas mit ihrer Popularität anfangen.

SABINE LEUTHEUSSER-SCHNARRENBERGER
Ich habe kürzlich ein langes Gespräch für meinen Podcast mit Kathrin Lehmann geführt, einer deutsch-schweizerischen Sportlerin, die in der Frauen-Eishockey-Bundesliga spielt und auch sehr erfolgreich als Fußballerin ist. Eine ungewöhnliche Konstellation: auf dem Eis und auf dem Rasen. Was sie mir berichtet hat, war teilweise erschreckend ... wie einige Begriffe, die offensichtlich rassistisch oder antisemitisch sind, sich in den sportlichen Alltag eingebrannt haben. Da wird der Schiedsrichter schon mal gnadenlos als »Jude« bezeichnet und Menschen anderer Hautfarbe bekommen Begriffe zu hören, die ich hier gar nicht wiederholen möchte. Da sind wir alle gefordert, da müssen wir gegenwirken. Es war interessant, denn Frau Lehmann war auch der festen Überzeugung, dass die Vereine stärker in die Pflicht genommen werden müssen. Sie meint, dass sich die Sportvereine einmal genau ihre Satzung anschauen müssen. Denn fast alle haben die Förderung des Gemeinwohls und den sozial verbindenden Anspruch dort verankert. Das muss auch auf dem Platz, bei den Funktionären und selbstverständlich bei den Fans ankommen.

MARGOT FRIEDLÄNDER
Das ist schon verrückt. Es ist so viel Geld im Sport unterwegs. Alleine an Werbung. Und dann die Gehälter ...

SABINE LEUTHEUSSER-SCHNARRENBERGER
Man sollte erwarten können, wenn ein Sportler mehrere Millionen verdient, dass er dann auch weiß, wie er sich gesellschaftlich zu positionieren hat. Natürlich bekommt er das Geld für sein außergewöhnliches Talent und seine

Leistung, aber es funktioniert gesellschaftlich nur dann, wenn wir Toleranz vorleben und Missstände beim Namen nennen.

SASCHA HELLEN
Lässt sich Antisemitismus quantifizieren?

SABINE LEUTHEUSSER-SCHNARRENBERGER
Der Anteil antisemitischer Vorfälle im sogenannten Dunkelfeld ist groß, denn viele Beschimpfungen und Übergriffe werden in der Polizeistatistik nicht vollumfänglich erfasst. Im Schnitt haben wir bundesweit pro Tag sieben bis zehn antisemitische Vorfälle.

SASCHA HELLEN
Was können wir dagegen tun?

SABINE LEUTHEUSSER-SCHNARRENBERGER
In Nordrhein-Westfalen planen wir eine »Meldestelle Antisemitismus«. Solche Meldestellen existieren bereits in anderen Bundesländern. Die Antisemitismus-Meldestelle ist eine große Chance, um die Präventionsarbeit zu stärken – zielgerichtet, denn genau darum geht es – und diese Übergriffe ans Licht zu bringen. Die Meldestelle wird hoffentlich noch in diesem Jahr an den Start gehen. Aber schon jetzt arbeiten die Polizei und die Sicherheitsbehörden das Thema frühzeitig auf. Wir müssen in den Köpfen verankern, dass Antisemitismus keine Kleinigkeit ist. Jede Form von Judenhass, die beiläufig ausgesprochen wird, ist geistige Brandstiftung. Wir müssen weg von dem Motto »Hab' ich doch nicht so gemeint!« oder »Ist doch nicht so

schlimm!«. Antisemitismus darf nicht bagatellisiert werden. Das macht ihn umso gefährlicher.

SASCHA HELLEN

Reicht für die Jugendlichen der Besuch der Gedenkstätten aus, um sie nachhaltig auf die Gefahren des Antisemitismus hinzuweisen?

SABINE LEUTHEUSSER-SCHNARRENBERGER

Nein, meiner Meinung nach nicht. Es braucht die Vor- und Nachbereitung und den stärkeren Blick auf die Täter, nicht nur die Opfer. Es muss auch noch viel mehr passieren. Ich habe mit meinem Team zusammen eine Reihe von Initiativen und Veranstaltungen auf den Weg gebracht, die wir hoffentlich, sobald es die Bedingungen wieder zulassen, fortsetzen können. Prominente Schauspieler lesen aus Büchern, die einen Bezug zum Thema Antisemitismus und Drittes Reich haben. Hier haben unter anderem Christian Berkel, Andrea Sawatzki, Benno Fürmann und Katharina Thalbach mich unterstützt. Wir erreichen somit ein anderes Publikum, und natürlich können die Prominenten diese Botschaft, die wir vermitteln wollen, ganz anders transportieren. Zudem habe ich eine Podcast-Reihe gestartet, spreche hier mit spannenden Persönlichkeiten über ihr Engagement gegen Antisemitismus. Aber Zeitzeugen sind natürlich nach wie vor das Eindrucksvollste, vor allem wenn sie dann noch so fit sind wie Frau Friedländer. Ihr zuzuhören ist ein Geschenk. Es ist erschütternd, diese Geschichte aus dem Mund von Frau Friedländer zu hören. Die Zeitzeugen sind von unschätzbarem Wert. Natürlich kann man sie nicht erset-

zen. Aber es ist viel passiert in den letzten Jahren, und mit Didaktik und Pädagogik in Ausstellungskonzepten und mit moderner Technik sind auch die Gedenkstätten heute teilweise sehr eindrucksvoll gestaltet. Allein in Nordrhein-Westfalen gibt es 33 geförderte Gedenkstätten. Ich bekomme von vielen jungen Menschen die Rückmeldung, dass dort ein Gefühl entsteht von »So etwas kann man doch nicht zulassen!«. Das ist genau die Haltung, die wir brauchen.

SASCHA HELLEN
Frau Friedländer, hat Ihr Mann sich in New York als Jude zu erkennen gegeben, Kippa getragen?

MARGOT FRIEDLÄNDER
New York ist derart tolerant, dass es sicherlich kein Problem gewesen wäre. Mein Mann hat aber nie eine Kippa getragen, wenn aber erforderlich, dann selbstverständlich seinen jüdischen Glauben gezeigt.

SASCHA HELLEN
Vor uns liegt diese wunderbare Fotoaufnahme, die Sie zusammen mit Ihrem Mann zeigt. War das Ihr erstes Auto?

MARGOT FRIEDLÄNDER (lacht)
Nein, das war nicht der erste Wagen. Das erste Auto haben wir bereits im Frühjahr 1947 gekauft. Das war ein alter beigefarbener Dodge. Für uns war das damals auch ein Symbol: Wir haben es geschafft! Das Auto hat uns mehrere Jahre begleitet, war in einem hervorragenden Zustand, und natürlich haben wir den Dodge sehr ge-

pflegt. Wir waren stolz, denn wir konnten uns ein Auto leisten, obwohl wir erst ein Jahr in Amerika waren. Dieses Auto hat für uns viel mehr symbolisiert. Das war ein Gefühl von Freiheit, von Unabhängigkeit. Sich einfach in den Wagen setzen und losfahren! Wir hatten ja in Deutschland erlebt, was es heißt, sich nicht frei bewegen zu dürfen, in Grenzen zu leben und mit Verboten umzugehen. Jetzt war plötzlich alles anders. Dieses riesige Land lag vor uns, diese riesige Stadt, und wir hatten ein Auto. Ich werde auch nie vergessen, wie wir unseren ersten Urlaub gemacht haben. Das war im Sommer 1947. Wir fuhren ins Gebirge, in die Catskill Mountains. Diese liegen im Staat New York, das war damals ein sehr bekanntes und beliebtes Urlaubsziel, in dem sich viele sogenannte Refugees trafen und die Hotels auch meist jüdischen Immigranten gehörten. Wir waren begeistert! Es war für uns noch einmal ein ganz besonderes Gefühl von Glück und Unbeschwertheit. Wir hatten ja schon nach weniger als zwei Wochen nach unserer Ankunft in New York angefangen zu arbeiten und wöchentlich ein Gehalt erhalten. Die harte Arbeit der letzten Monate hatte sich gelohnt. Wir haben gespürt: Wir sind auf dem besten Weg, uns eine eigene, sichere Existenz aufzubauen, die uns auch tragen wird. Wir waren mit nichts in New York angekommen ... mit einer alten Bratpfanne und ein bisschen Kleidung. Und nun konnten wir schon den ersten Urlaub verbringen. Wir konnten es kaum fassen. Die Zimmer in dem Ressort waren schlicht, es gab keine eigenen Bäder. Das hat uns aber nicht gestört, wir kannten es nicht anders. Für uns war es dennoch Erholung pur.

SABINE LEUTHEUSSER-SCHNARRENBERGER
Ihrem Mann wurde, wie Sie uns vorhin erzählt haben, der Doktortitel verweigert. Arbeitete er noch in der Fabrik? Das muss ja für ihn teilweise auch deprimierend gewesen sein, denn er war ja derart überqualifiziert für diesen Job.

MARGOT FRIEDLÄNDER
Kurz vor dem Krieg stand er vor seiner Promotion an der heutigen Humboldt-Universität. Die Doktorarbeit war geschrieben und bei seinem Professor eingereicht. Der Doktorvater musste die Uni verlassen und wanderte im April 1933 in die USA aus. Es ist unglaublich, denn Adolfs wissenschaftliche Abhandlung lag fertig ausgearbeitet auf dem Schreibtisch des Professors.

Sabine Leutheusser-Schnarrenberger schüttelt den Kopf.

SABINE LEUTHEUSSER-SCHNARRENBERGER
Gab es denn überhaupt keine Möglichkeit, später hierfür einen Nachweis einzuholen?

MARGOT FRIEDLÄNDER
Ich habe ja vorhin erwähnt, dass ich auf 52 glückliche Ehejahre zurückblicke. Jetzt möchte ich Ihnen ein kleines Geheimnis anvertrauen ... Es gab nur einmal einen größeren Streit in unserer Ehe, einen richtigen Knall. Ich habe sogar die Wohnung verlassen, um mich zu beruhigen, musste eine Stunde durch die Straßen spazieren, um den Kopf frei zu kriegen. Ich habe in all den Jahren immer meinen Mann dabei unterstützt, sich selbst zu verwirklichen. Im Herbst 1947 begann ich ihn zu drän-

gen, an die Uni in Berlin zu schreiben, um Nachweise über sein Studium einzuholen. Es musste doch eine Chance geben, seine Doktorarbeit nachträglich anzuerkennen! Wir schrieben Briefe an die zuständigen Ämter und Stellen in Berlin, und es dauerte ewig. Teilweise bekamen wir keine Antwort, wir mussten neu schreiben. Einzelne Behörden fühlten sich nicht zuständig, und die Universitätsverwaltung war ziemlich unorganisiert. Irgendwann haben wir dann endlich den Studiennachweis erhalten. Adolf hat diesen an die Behörden in Albany im Staat New York weitergeleitet.

SABINE LEUTHEUSSER-SCHNARRENBERGER
Und? Gab es für ihn eine Chance, den Doktortitel noch zu erlangen?

MARGOT FRIEDLÄNDER
Nein, leider nicht. Er hätte erst wieder einen Test machen müssen, um ein Diplom zu erwerben, welches einem Highschool-Abschluss gleichkommt. Das fand er etwas seltsam. Schließlich hatte er schon fast den Doktortitel. All die Jahre des Studiums, all der Fleiß und die wissenschaftliche Arbeit ... sollte dies alles umsonst gewesen sein? So wie ich Adolf kannte, muss ihn das tief enttäuscht haben. Er hat alles im Leben stets mit großer Genauigkeit und Sorgfalt erledigt. Es muss ihn schlichtweg verletzt haben, dass seine Leistung nun nicht anerkannt wurde. Nach außen hat er natürlich die Fassung bewahrt, aber innerlich hat es ihn schon sehr bewegt. Hinzu kam, dass er im Frühjahr 1948 ins Büro gerufen und aufgrund schlechter Verkaufszahlen entlassen wur-

de. Er hatte zwischenzeitlich bei einer Firma gearbeitet, die Hutstumpen verkaufte. Aus meiner Sicht wäre dies der richtige Augenblick gewesen, das Studium wieder aufzunehmen. Das wäre für ihn die Chance gewesen, endlich den Doktor zu machen und dieses Thema zum Abschluss zu bringen. Ich habe keinen Mann mit einem Doktortitel gebraucht, ich habe ihn so gemocht und geschätzt, wie er war. Und auch Adolf brauchte den Doktor nicht für seine persönliche Eitelkeit. Aber ich wollte ihn unterstützen, sich selbst zu verwirklichen.

SASCHA HELLEN
Woran ist es gescheitert?

MARGOT FRIEDLÄNDER
Er wollte sich von mir nicht aushalten lassen. Wir hätten mit meinem Gehalt in bescheidenen Verhältnissen leben können, die Miete war günstig, wir lebten ja in einem möblierten Zimmer. Aber Adolf lehnte das ab. Das hat mich sehr geärgert. Ich war enttäuscht. Heute kann ich es besser verstehen. Aber wie heißt es so schön: Wenn sich eine Tür schließt, öffnet sich eine andere. Es dauerte nicht lange, und wir lasen eine interessante Annonce, dass ein Assistant Controller gesucht wurde. Relativ schnell stellte sich heraus, dass es sich um das »92Y« handelte, eine jüdische Kulturinstitution, die bereits 1874 von deutsch-jüdischen Immigranten gegründet wurde. Er bekam den Job, diese Organisation wurde sein Leben. Das große Gebäude auf der East Side von Manhattan wurde ab September 1948 sein zweites Zuhause. 28 Jahre arbeitete er dort, voller Freude. Er war erfüllt von

seinem Job. Adolf hat sich im Laufe der Jahre hochgearbeitet bis zum kaufmännischen Geschäftsführer. Er war geschätzt und respektiert, er hat gestalten können. Ich glaube – und das darf man bei aller Bescheidenheit sagen –, dass er »92Y« auch geprägt hat. Mit vielen Ideen und Visionen, die er angestoßen hat. Für uns wurden »92Y« und die Mitarbeiter eine große Familie. Wir haben viel Zeit dort verbracht, es gab Sportmöglichkeiten, einen Kindergarten, kulturelle Aktivitäten und einen Seniorenclub.
Viele jüdische Intellektuelle wie zum Beispiel der spätere Friedensnobelpreisträger Elie Wiesel gingen hier ein und aus. Auch Elies Frau Marion, die aus Wien vor den Nazis geflüchtet war, war häufig dort zu Gast. Adolf hat diesen Job geliebt. Über das Studium haben wir kein Wort mehr verloren. Im Nachhinein war es wirklich die richtige Entscheidung, denn auch Adolfs Schwester Ilse riet ihm, nicht die erstbeste Stelle anzunehmen, sondern in Ruhe nach einem passenden Arbeitsplatz zu suchen. Nach der Niederlage mit dem Highschool-Abschluss und der Kündigung war das ein echter Lichtblick!

SASCHA HELLEN
Mit dem neuen Job änderte sich vieles.

MARGOT FRIEDLÄNDER
Ja, mit der Tätigkeit meines Mannes im »92Y« war es für uns auch an der Zeit, eine größere Wohnung zu beziehen. Wir wollten nach Queens ziehen und fanden dort eine Wohnung, die wir sehr gemocht haben. Dreieinhalb Zimmer, sehr hell. Wir hatten auch genug Geld beiseite-

gelegt, sodass wir uns zum ersten Mal Möbel anschaffen konnten. Es war eine sehr feine Wohnung. Wenn man die Wohnung betrat, kam man in eine schöne Diele, die wir auch als Esszimmer nutzten. Zudem gab es natürlich eine Küche, den Wohnraum, ein ruhiges Schlafzimmer und ein Bad. Und wir hatten sogar ein eigenes Zimmer für unseren »Kasimir«.

SABINE LEUTHEUSSER-SCHNARRENBERGER
Wer ist Kasimir?

MARGOT FRIEDLÄNDER
Unser Auto. Wir mieteten einen Garagenplatz für ihn im Haus.

Beide Damen lachen.

SASCHA HELLEN
Haben Sie sich untereinander eigentlich auf Deutsch oder auf Englisch unterhalten?

MARGOT FRIEDLÄNDER
Häufig fingen die Unterhaltungen auf Englisch an, gingen aber dann schnell ins Deutsche über.

SABINE LEUTHEUSSER-SCHNARRENBERGER
Wahrscheinlich gehörten Sie auch bald zum festen Bestandteil der Gesellschaft.

MARGOT FRIEDLÄNDER
Wir wollten nicht zu einer sogenannten Society gehören,

das war uns nicht wichtig. Wir hatten uns und unseren kleinen Freundeskreis. Es war ein bürgerliches Leben, sehr ruhig. Es gab eine klare Trennung der Aufgaben: Mein Mann arbeitete viel im »92Y«, ich kümmerte mich um die Einkäufe für den alltäglichen Bedarf. Obwohl Adolf sehr ungeduldig war – vor allem wenn ich zu lange beim Einkauf im Lebensmittelladen war –, liebte ich es, mit ihm Kleidung zu kaufen. Er trug stets akkurat geschnittene Anzüge, ich durfte Hemden und Krawatten aussuchen. Ich habe viel gekocht, und auch da immer versucht, mich weiterzuentwickeln und natürlich auch die amerikanischen Gewohnheiten anzunehmen. In Amerika trifft man sich nicht zu Kaffee und Kuchen, es gibt nur Lunch oder Dinner. Und mir wurde sehr schnell klar, dass amerikanische Gemütlichkeit zeitlich begrenzt ist. Spätestens um 21:30/22:00 Uhr löste sich jede Gesellschaft auf. Man musste nach Hause, durch den Verkehr, und am nächsten Morgen wieder zur Arbeit. Zu den hohen Feiertagen wurde der Gottesdienst dort im Großen Saal des »92Y« abgehalten, die Gebete von Orgelmusik untermalt. Die Einrichtung verfügte über mehrere wunderbare Thorarollen. Es gab einen Kantor mit einer großartigen Stimme. All die Jahre über haben wir immer denselben Platz in der Synagoge besetzt. Das hat mich sehr an meine Großeltern erinnert, die ja auch immer in der Synagoge ihre festen Plätze gehabt hatten. Nach dem Tod meines Mannes kam ich alleine zum Gottesdienst, und viele erkundigten sich nach ihm. Bis 2008 habe ich nie einen Gottesdienst versäumt.

Wir fühlten uns im »92Y« geborgen. Obwohl erst wenige Jahre vergangen waren, dachten wir kaum noch an die schreckliche Zeit, die wir durchleben mussten. Vergessen konnten wir sie natürlich nicht, obwohl wir nur selten darüber gesprochen haben. Wir hatten ja beide dieselben Schmerzen. Aber wir hatten innerhalb kürzester Zeit in Amerika neue Perspektiven entwickelt, ein neues Leben begonnen und wollten wieder nach vorne blicken.

SABINE LEUTHEUSSER-SCHNARRENBERGER
Sie sind endlich zur Ruhe gekommen in Amerika.

MARGOT FRIEDLÄNDER
Das dachten wir auch, und wir waren froh, dass unser Leben einen geregelten Lauf nahm. Allerdings kam es schon bald wieder anders. Ilse war schon seit geraumer Zeit krank und bekam einmal im Jahr eine Bluttransfusion. Doch ihr Gesundheitszustand verschlechterte sich, sodass sie zweimal im Jahr eine Transfusion gelegt bekam. Trotzdem wurde Ilse immer schwächer. Ich habe sie nie klagen hören. Immer war sie ansprechbar für andere, hilfsbereit und voller Tatendrang. Es war ein Schock, und die Nachricht hat uns beide – meinen Mann jedoch noch mehr – getroffen, als Ilse verstarb. Das war in den Fünfzigerjahren. Sie hatte sich das Leben genommen. Sie war eine resolute Person, die ihr Leben immer so lebte, wie sie es wollte. Und wahrscheinlich hatte sie Angst vor dem weiteren Verlauf der Erkrankung. Anders können wir uns diesen Schritt nicht erklären. Aber die Fünfzigerjahre waren dennoch gute Jahre für uns. Wir hatten aus dem Nichts angefangen. Nun hatten wir eine Wohnung, ein Auto und konnten verreisen. In den ersten Jahren bereits waren wir in New Hampshire, Maine

und Kanada. 1957 ereilte allerdings auch mich dann ein Schicksalsschlag. Wir waren einige Tage verreist, und am letzten Urlaubstag wurde ich ans Telefon gerufen. Das war schon sehr ungewöhnlich. Am Apparat war der Geschäftsführer des Modeladens, in dem ich arbeitete. Irgendwie hatte ich sofort ein ungutes Gefühl, und als er mir stotternd erklärte, ich bräuchte am Montag nicht zur Arbeit zu kommen, war mir klar, dass ich gerade entlassen wurde. Die Kündigung konnte ich mir nicht erklären, aber die Gründe waren recht simpel: Er hatte jemanden angestellt, der weniger Gehalt nahm. Und nicht nur ich wurde ersetzt, sondern auch die Kassiererin, ebenfalls durch eine günstigere Arbeitskraft. Einziger Lichtblick: Zu dem Zeitpunkt verdiente mein Mann schon ausreichend für unseren gemeinsamen Lebensunterhalt, sodass ich mir in Ruhe eine neue Anstellung suchen konnte. Wieder einmal half mir eine Zeitungsannonce, diesmal in der »New York Times«. Ich wurde Verkäuferin in einem Damenmodegeschäft für etwas fülligere Damen. Es war wunderbar – ich wurde auf Gehalt und Provision bezahlt und stieg in der Hauptsaison ein, direkt vor den jüdischen Feiertagen. Da unsere Kundschaft vornehmlich jüdisch war, kleideten sich viele für die Festtage neu ein. Sehr schnell habe ich mich ins Team eingelebt. Meine Kolleginnen waren alle älter und behandelten mich wie eine Tochter. Freundlich, zuvorkommend, hilfsbereit. Keine Spur von Neid oder Eifersucht.

SABINE LEUTHEUSSER-SCHNARRENBERGER
In den Fünfzigerjahren hat auch der Prozess der Wiedergutmachung angefangen. Wie haben Sie davon erfahren?

MARGOT FRIEDLÄNDER
Das muss gegen Anfang der Fünfzigerjahre gewesen sein, als wir durch eine gute Bekannte erfuhren, dass ihr Bruder in Berlin als Anwalt lebt und sich dort um die Wiedergutmachungsanträge kümmert. Mit seiner Hilfe brachten wir unseren Antrag auf den Weg und erhielten einige Zeit später erste Informationen über die Nachzahlung. In der Zwischenzeit hat sich kistenweise Papier angesammelt. Damals waren wir überrascht. Ilse lebte noch, und gute Freunde von uns hatten einen Anwalt beauftragt, entsprechende Anträge zu stellen. Wir hatten in Amerika von den Entschädigungszahlungen gehört, wussten aber, dass es ein langwieriger und aufwendiger Prozess werden würde, der uns über viele Jahre begleitet. Mein Mann und ich verbrachten viel Zeit mit Korrespondenz und dem endlosen Ausfüllen von Formularen. Das war nicht leicht, denn dadurch wurden plötzlich wieder Erinnerungen wach und Narben aufgebrochen.

SABINE LEUTHEUSSER-SCHNARRENBERGER
Aber mit Geld kann man das Geschehene auch nicht wiedergutmachen …

MARGOT FRIEDLÄNDER
Das haben viele aus der jüdischen Community auch so gesehen. Wir hatten auch im Freundeskreis einige, die den Begriff »Wiedergutmachung« ablehnten. Man muss es auf den Punkt bringen: Die Nazis hatten versucht, uns zu eliminieren. Der Holocaust hat Deutschland geschadet, und nun sollte mit diesen Zahlungen das Ansehen international wiederhergestellt werden.

SASCHA HELLEN
Wie hoch war die erste Zahlung, die Sie erhalten haben?

MARGOT FRIEDLÄNDER
Genau erinnere ich mich nicht mehr an die Summe, aber sie war relativ hoch, denn sowohl mein Mann als auch ich konnten Anspruch geltend machen. Die Zahlung erreichte uns Anfang 1958. Das war auch eine Nachzahlung für mehrere Jahre. Ehrlich gesagt: Wir hatten mit einer Auszahlung gar nicht gerechnet, und wir planten mit dem Geld etwas, was uns schon lange am Herzen lag: Wir holten unsere Hochzeitsreise nach.

SABINE LEUTHEUSSER-SCHNARRENBERGER
Wohin?

MARGOT FRIEDLÄNDER
Natürlich nach Europa. Wir stürzten uns direkt in die Organisation, wollten mindestens einen Monat verreisen. Jedoch: Da begannen schon wieder die Probleme. Mir standen nur zwei Wochen Urlaub zu, und mir blieb nichts anderes übrig, als zu kündigen. Ich bekam bald einen Termin beim Inhaber des Geschäfts, einem noch recht jungen Mann, auch Jude. Eigentlich wollte ich ihm nur den Grund für meine Kündigung erklären, und wir kamen ins Gespräch über mein Leben. Ich erzählte ihm von der Zeit im Konzentrationslager und den 15 Monaten auf der Flucht in Berlin. Er war angetan von meinen Schilderungen, vor allem aber hatte er Verständnis für den Grund meiner Entscheidung. Ich musste nicht kündigen, sondern wurde entlassen. Wir trennten uns als

Freunde, und ich hatte so Anrecht auf Arbeitslosengeld nach Rückkehr von unserer Reise. Wir sind im Sommer 1958 nach Europa gestartet, allerdings dann gleich 1960 und 1963 wieder. Von da an reisten wir jedes Jahr nach Europa, manchmal sogar zweimal. Mein Mann liebte diese Reisen, und er blühte förmlich auf, wenn es darum ging, sie zu planen. Wir besuchten viele Länder: Italien, England, die Niederlande, Portugal, Jugoslawien, Frankreich, immer wieder die Schweiz ... aber niemals betraten wir Deutschland.

SABINE LEUTHEUSSER-SCHNARRENBERGER
Das kann ich sehr gut verstehen.

MARGOT FRIEDLÄNDER
Wir hatten schlichtweg Angst. Nur wenige Jahre zuvor haben wir gedacht, wir würden hier nicht mehr lebend rauskommen. Wir hatten die Schicksale unserer Familien im Kopf. Sorge, die Hölle würde uns verschlingen. Als Juden in Deutschland? Wir fühlten uns nicht sicher. Ich wäre vielleicht später bereit gewesen, mein Mann konnte sich aber nicht überwinden. Er hat bis zu seinem Tod auch nur einen Bruchteil über seine Erlebnisse im KZ-Außenarbeitslager in Wulkow gesprochen, in dem er auch eine Zeit lang war. Mir fehlen ganz viele Informationen hierzu. Er wollte nicht, dass ich alles weiß. Er wollte mich schützen, und wahrscheinlich hat er auch versucht, das Erlebte zu verdrängen. Der Schmerz lag tief in seinem Inneren.

SABINE LEUTHEUSSER-SCHNARRENBERGER
Das muss doch für Sie absolut surreal gewesen sein, plötz-

lich wieder in Europa, nach all dem, was passiert war. Nicht nur in Deutschland, sondern auch in anderen europäischen Ländern waren Juden, Oppositionelle, Homosexuelle und politisch Andersdenkende verfolgt worden. Konnten Sie unbeschwert zum Beispiel durch Italien reisen, obwohl auch dort die Faschisten ihr Unwesen getrieben hatten?

MARGOT FRIEDLÄNDER
Es wurde mir eigentlich erst während der Reise bewusst, was das Schicksal mir gegönnt hatte. Wir erlebten wunderbare Tage, konnten uns fallen lassen. Zum Beispiel waren wir in Mailand. Hier hatte mein Mann im Jahr 1933 nach der Machtergreifung Hitlers in Deutschland für ein halbes Jahr gelebt. Auch er hatte andere Pläne gehabt und bahnte damals eine Geschäftsbeziehung in Italien an. Jetzt zurück nach Mailand zu kommen war sicherlich schmerzlich für ihn. Denn wie hätte sich seine Biografie entwickelt, wie wäre sein Leben verlaufen, wäre es damals anders gekommen? Man kann die Vergangenheit nicht verändern. Natürlich gab es Momente auf den Reisen, die immer wieder schmerzlich für uns waren. Aber wir waren glücklich, dass wir nun als Besucher und Touristen unterwegs waren, dass wir uns diese Reisen gönnen konnten. Wir hatten beide nicht im Traum daran gedacht, dass wir zwölf Jahre nach der Abreise aus Deutschland wieder Europa besuchen würden. Ich war froh, dass ich jetzt mit meinem Mann in Italien war, und ich hielt fest seine Hand. Mein Vater war ja früher viel auf Reisen gewesen. Für mich war das alles neu. Ich erinnerte mich plötzlich an die Worte meines

Vaters, denn einmal bat ich ihn, mich mit nach Italien zu nehmen. Er meinte damals, wenn ich schon Italien besuchen möchte, sollte ich warten, denn eines Tages würde mir sonst mein Mann auf unserer Hochzeitsreise nichts Neues mehr zeigen können ... Seine Worte haben sich bewahrheitet!

SABINE LEUTHEUSSER-SCHNARRENBERGER
Das müssen sehr emotionale Momente gewesen sein.

MARGOT FRIEDLÄNDER
Ich habe viele Jahre nicht geweint, erinnere mich aber daran, dass mich in Venedig die Gefühle überkamen. Diese Stadt ist ein einziges Museum, ein Juwel. Zumindest war sie das Ende der Fünfzigerjahre. Die Boote, die Restaurants, die Musiker, diese wunderbaren Gebäude ... Ich war einfach nur glücklich und überwältigt. Hier haben meine Emotionen dann gesiegt.

SASCHA HELLEN
Wie reisten Sie eigentlich?

MARGOT FRIEDLÄNDER
Ich hatte schon auf der Hinreise wahnsinnige Angst vor dem Fliegen. Den ganzen Flug über klammerte ich mich an meinen Mann, und ich weiß bis heute nicht, wie ich diesen stundenlangen Flug überstanden habe. Spätestens bei unserer Rückreise wurde mir aber wieder einmal bewusst, was für eine besondere Persönlichkeit mein Mann war. Als klar wurde, dass sich die Reise dem Ende zuneigt, und wir zurück nach New York mussten,

machten wir noch Station in Amsterdam. Wir verbrachten zwei Tage bei Freunden, und mein Mann spürte meine aufkommende Angst vor dem Rückflug. Kurzerhand kaufte er mir ein Schiffsticket. Die Reise sollte für mich mit einer angenehmen Erinnerung zu Ende gehen. So flog mein Mann von Amsterdam nach New York, und ich reiste mit der Bahn nach Le Havre, um mit dem Schiff nach Amerika zu fahren. Ich genoss die Rückfahrt sehr, obwohl sie ein paar Tage dauerte, und wollte von da an nur noch per Schiff nach Europa reisen. Das war mein Traum, obwohl wir uns nicht vorstellen konnten, Europa so bald wiederzusehen. Die Reise war natürlich für unsere Verhältnisse sehr teuer gewesen, und jetzt begann der Alltag wieder. Ich hatte auf der Rückfahrt Zeit, die Eindrücke der letzten Wochen sacken zu lassen. Es waren unbeschwerte Tage, die uns auch Kraft gegeben haben. Mit neuer Energie und mit vielen wunderbaren Momenten der Zweisamkeit konnten wir in New York weitermachen. Ich musste mich schließlich auf Jobsuche begeben und fand Arbeit bei Ilse Low. Frau Low war deutsche Christin ... Ich weiß gar nicht, wann sie nach Amerika kam. Sie hat mir nie Einblick in ihre Vergangenheit gewährt. Frau Low betrieb einen kleinen Salon für Strickmoden, und meine Aufgabe war es, ihr dabei zu helfen, die Kunden zu bedienen, Maß zu nehmen und Besorgungen zu erledigen. Frau Low war eine ältere Dame, im September 1958 fing ich bei ihr an. Eine Geschäftsfrau war sie nicht ... Sie lebte von der Hand in den Mund. Ihre Ausgaben wurden manchmal nur von den Einnahmen gedeckt. Sie hatte kaum Geld, um die Einkäufe für die nächste Saison zu tätigen. Aber sie war sehr großzügig und liebevoll. Oft durfte ich mir aus dem Ausverkauf etwas aussuchen.

SABINE LEUTHEUSSER-SCHNARRENBERGER
Wie lange haben Sie bei Frau Low gearbeitet?

MARGOT FRIEDLÄNDER
Ungefähr neun Jahre, dann habe ich Ilse Low verlassen. Es war Zeit, mich zu verändern, und wie sich herausstellen sollte, war es auch der richtige Moment, denn ein Jahr später ist das Geschäft pleitegegangen. Ich frage mich überhaupt, wie es möglich gewesen war, das Geschäft so lange zu halten. Mehrfach habe ich versucht, Frau Low davon zu überzeugen, wirtschaftlicher zu denken und die Preise zu erhöhen. Sie verkaufte die Kleider einfach zu viel zu niedrigen Preisen.

SABINE LEUTHEUSSER-SCHNARRENBERGER
Wie ging es für Sie danach beruflich weiter?

MARGOT FRIEDLÄNDER
Da mir das Reisen so sehr gefiel, dachte ich, wäre doch eine Stelle in einem Reisebüro genau das Richtige für mich. Ich versuchte es bei unserem damaligen Reiseagenten, Herrn Simon. Das muss Anfang 1967 gewesen sein. Die Sechzigerjahre waren auch in Amerika eine Zeit des Aufbruchs. Das Land war im Umbruch, in Bewegung, politisch und gesellschaftlich. Man spürte aber auch, dass die Wirtschaft weiter boomte. Bei uns machte sich das in erster Linie durch ein neues Auto bemerkbar. Das war ein Riesenschlitten mit Klimaanlage und Schie-

bedach, und mein Mann und ich wollten damit die Vereinigten Staaten erkunden. Die Größe des Landes wurde uns erst bei der Autofahrt richtig bewusst. Natürlich ist es angenehmer zu fliegen, die Details erkennt man aber beim Autofahren wesentlich besser. Wir fuhren durch unzählige Städte und Dörfer und sahen bei diesen Tausenden von Meilen, wie sich die Landschaft veränderte. Manchmal waren es wirklich nur triste Dörfer, in denen man den Eindruck haben konnte, das Leben sei stehen geblieben. Dann gab es wieder große Metropolen, imposante Gebäude und Menschenmassen. Immer wieder legten wir Pausen ein, genossen die Zeit miteinander, waren fasziniert von den Entfernungen und von der Verschiedenheit der Landschaften.

Ernst Simon, der Besitzer des Reisebüros, traute mir zunächst einmal nicht zu, dass ich die Stelle auch richtig besetzen könnte. Ich hatte ja keinerlei Erfahrung in Büroarbeit und kannte die verschiedenen Buchungssysteme nicht, die es in der Tourismusbranche gab. Herr Simon war aber auch jemand, der nur schlecht abgeben konnte. Er wollte am liebsten alle Tätigkeiten selbst machen. Er hätte Hilfe gebrauchen können und erinnerte mich ein Stück weit an Frau Low. Auch sie wollte keine Ratschläge annehmen.

SASCHA HELLEN
Haben Sie die Stelle bei Herrn Simon bekommen?

MARGOT FRIEDLÄNDER
Nein, da wurde erst einmal nichts draus. Denn er bat

mich zwar eines Tages, ihn zu unterstützen, wollte aber auch wissen, ob ich Schreibmaschine schreiben könnte. Das konnte ich nicht, und so mussten wir einsehen, dass ich ihm keine große Hilfe sein konnte.
Stattdessen fand ich eine Stelle in einem Konfektionsladen, dessen Besitzerin ursprünglich aus Wien kam. Ich blieb zwar nur ein Jahr, aber es war ein vergnügliches Jahr. Das Geschäft verkaufte Tücher, Geschenkartikel und Kleider. Ich war Mädchen für alles, verkaufte die Ware, steckte ab und hatte viel Zeit, mich mit der Chefin zu unterhalten. Wir sprachen Deutsch miteinander, und sie verriet mir viele wienerische Kochrezepte.

SASCHA HELLEN
Wann sind Sie dann das nächste Mal wieder nach Europa gereist?

MARGOT FRIEDLÄNDER
Wir planten 1960 die nächste Reise nach Europa. Diesmal konnte ich meinen Mann überreden, dass wir mit dem Schiff nach Southampton und von dort nach Le Havre fuhren. Ich war überglücklich, dass wir nicht fliegen mussten. Natürlich kamen bei dieser Art des Reisens viele Erinnerungen hoch. Das letzte Mal, als wir gemeinsam auf einem Schiff unterwegs waren, war es ein Truppentransportschiff, die »Marine Perch«. Das war im Juli 1946, unsere Überfahrt nach Amerika. Jetzt brachen wir in die entgegengesetzte Richtung auf, auf einem Luxusschiff gen Europa. Allerdings war die Überfahrt eine echte Enttäuschung. Das Schiff war ungemütlich, das Wetter schlecht, und am Abend gab es nur selten Ver-

anstaltungen. Dafür hatten wir so viel Geld ausgegeben! Schon auf der Hinfahrt sagte mein Mann zu mir: »Wenn du jetzt noch mal nach Europa willst, dann nur noch mit dem Flugzeug – oder gar nicht.« Bei aller Angst – ich zögerte nicht und stimmte zu. Denn mein Entschluss stand fest: Lieber fliegen als gar nicht mehr nach Europa. Diesmal machten wir Station in London, Brüssel, Zürich, Como und Paris. In Paris gingen wir unter anderem in die Oper.

SABINE LEUTHEUSSER-SCHNARRENBERGER
Wunderbar. Ich liebe die Oper! Wissen Sie noch, was Sie gesehen haben?

MARGOT FRIEDLÄNDER
Ja, »Rigoletto«. Die Oper war ein Traum, aber wir konnten die Stadt dennoch nicht wirklich genießen, denn es gab einen sehr unschönen Vorfall … Wir saßen in einem kleinen Café und hörten plötzlich in der Ferne die Sirenen eines Polizeiautos. Die Polizei hielt auf der gegenüberliegenden Straßenseite an. Mehrere Polizisten sprangen aus dem Wagen und knüppelten einen jungen Mann nieder, bis er fast ohnmächtig wurde. Wir wussten nicht, was passiert war, wir kannten den Hintergrund nicht, konnten aber die unverhältnismäßige Gewalt nicht nachvollziehen. Natürlich kamen in diesem Augenblick Erlebnisse wieder hoch. Erinnerungen an Deutschland, an die NS-Zeit. Das hatten wir alles viel zu oft gesehen. Menschen, die aufgrund ihres Glaubens oder anderer niedriger Gründe brutalst zusammengeschlagen und verschleppt wurden. Keine Ahnung, was

dieser Mann in Paris verbrochen hatte, aber Gewalt ist keine Lösung.

SABINE LEUTHEUSSER-SCHNARRENBERGER
Das kann ich nur unterstreichen. Wenn man sich an die Grundsatzregel hält, dass man keinem anderen Gewalt antut, könnte man wunderbar zusammenleben. Eigentlich ganz einfach. Aber wahrscheinlich ist das nur eine Illusion, ein Traum.

MARGOT FRIEDLÄNDER
Dieses Ereignis in Paris hat uns sehr zu denken gegeben und unseren damaligen Urlaub belastet ... allerdings hat es uns nicht an weiteren Europareisen gehindert. Natürlich haben wir danach auch noch mehrfach Paris besucht, aber über dieser Reise im Jahr 1960 lag ein Schatten, aus mehreren Gründen. Kurz vor unserer Abfahrt hatte ich auch ein Dokument bekommen ... Es muss im September 1959 gewesen sein, ein Schreiben vom Amtsgericht Berlin-Schöneberg. Es bestätigte mir meine seit fast 16 Jahren gehegte Vermutung, dass ich meine Familie nie wiedersehen würde. Allerdings war auch dieses Dokument unvollständig. Es fehlten Fakten über den Verbleib der Familienmitglieder. Ich hatte ja nie einen offiziellen Bescheid darüber bekommen, was aus meiner Mutter, meinem Vater, meinem Bruder, der Großmutter und anderen geworden ist. Einmal mehr kamen Emotionen hoch, meine Gedanken drehten sich im Kreis. Was wäre gewesen, wenn mein Vater eine andere Entscheidung getroffen hätte, wenn er meiner Mutter damals erlaubt hätte, mit uns nach Shanghai auszureisen? Hätten

wir dem Holocaust entfliehen können? Wieder einmal wurde mir klar, dass mein Vater einen großen Teil der Schuld trug, denn er hatte meiner Mutter und uns nicht erlaubt auszureisen. Er hatte uns nicht die Gelegenheit gegeben, diese Chance zu nutzen. Viele Bilder spielten sich vor meinem inneren Auge ab. Ralph und die Großeltern, die unbeschwerten Wochenenden, aber auch der 20. Januar 1943. Der Tag, als ich in den Untergrund musste, nachdem mir meine Mutter die Worte »Versuche, dein Leben zu machen« bei den Nachbarn hinterließ. Bis zum heutigen Tag habe ich jeden Versuch unternommen, ihren Wunsch zu erfüllen. Es vergeht kein Tag, an dem ich nicht an diese Aufforderung denke. Und ich kann feststellen: Es ist mir gelungen. Ich habe mein Leben führen können – viel wichtiger: Ich lebe noch. Ich habe den Holocaust überlebt, mir eine neue Existenz aufgebaut und musste dabei lernen, von dem Geschehenen Abschied zu nehmen. Zusammen mit meinem Mann war es mir möglich, ein neues Leben zu beginnen. Aber Europa steckte uns im Blut. Wir beide konnten das nicht verheimlichen oder verdrängen. Adolf und mich zog es immer wieder nach Europa, und gerade ich hatte einen großen Nachholbedarf. Wir lernten immer wieder auch Deutsche kennen.

SABINE LEUTHEUSSER-SCHNARRENBERGER
Aber Ihr Mann hat es nicht übers Herz gebracht, wieder nach Deutschland zu reisen?

MARGOT FRIEDLÄNDER
Mit Deutschen, die wir auf den Reisen kennenlernten,

hielten wir Kontakt und trafen uns in den Folgejahren an verschiedenen Orten wieder, aber nie in Deutschland. Mein Mann wollte nicht zurück ins Land der Täter. Viele Jahre später fuhr ich von Zürich aus auf einer unserer Reisen alleine für drei Tage nach München, um dort meine Cousine Marion zu besuchen. Zu ihr hatte ich einen guten Kontakt, sie besuchte uns mit ihrem Mann, der als Journalist für die »Quick« arbeitete, mehrfach in New York. Immer wieder versuchte sie, mich zu überreden, nach München zu kommen. Nachdem ihr Mann verstorben war, folgte ich schließlich der Einladung und verbrachte drei Tage bei ihr. Es gefiel mir sehr gut in München. Ich schaute mir die Stadt an, wir lachten viel miteinander und erlebten eine wunderbare Zweisamkeit. Marion war allerdings enttäuscht, dass mein Mann nicht mitgekommen war. Ich berichtete ihm davon; Adolf sagte nur wenig dazu. Für ihn war es zum damaligen Zeitpunkt schlichtweg unvorstellbar, einen Fuß auf deutschen Boden zu setzen.

SASCHA HELLEN
Das hat aber an Ihrer Leidenschaft fürs Reisen nichts verändert?

MARGOT FRIEDLÄNDER
Ganz im Gegenteil. Denn mein berufliches Leben nahm in dieser Zeit schon wieder eine Wende. Als wir aus Europa zurückkehrten, meldete sich Herr Simon aus dem Reisebüro dann doch überraschend noch einmal bei mir und stellte mich auf Probe ein. Aus drei Monaten Probezeit wurden acht Jahre Festanstellung.

SABINE LEUTHEUSSER-SCHNARRENBERGER
Ein Glücksfall.

MARGOT FRIEDLÄNDER
Ja, in vielerlei Hinsicht, denn ich konnte nun eigenständig unsere Europareisen planen, und es war uns möglich, die Welt zu wesentlich günstigeren Konditionen zu sehen. Als Mitarbeiterin einer Reiseagentur war es mir zum Beispiel möglich, verbilligte Flugtickets für meinen Mann und mich zu buchen. Herr Simon war ein sehr schwieriger Mensch, es war nicht immer einfach mit ihm. Er hatte eine Berliner Schnauze, ging teilweise sehr ruppig und direkt mit den Kunden um. Er hat sich nie entschuldigt. Man hätte meinen müssen, dass Kunden sich von seiner Art beleidigt fühlten. Das war aber nicht so, ganz im Gegenteil. Sie mochten ihn und seine Direktheit, er war sehr beliebt. Allerdings war es schwierig, es im Büro auszuhalten. Herr Simon rauchte wie ein Schlot. Ich habe selten jemanden erlebt, der sich direkt nach einer aufgerauchten Zigarette schon die nächste anzündete. Einmal war er so in seine Arbeit vertieft, dass er die Asche in den Papierkorb warf und es lichterloh zu brennen anfing. Die Zigaretten haben ihn am Ende auch umgebracht. Herr Simon war unverheiratet, spindeldürr. Eines Tages erschien er einfach nicht im Büro. Sein Bruder informierte mich, dass Ernst Simon im Krankenhaus lag. Dort habe ich ihn nach einer Weile besucht und war entsetzt. Ich habe ihn kaum wiedererkannt, er war noch weiter abgemagert und fahl, vom Krebs gezeichnet. Herr Simon bat mich, das Reisebüro zu übernehmen, denn er wusste, dass seine Zeit end-

lich und eine Rückkehr ins Büro ausgeschlossen war. Ich habe mich mit meinem Mann beraten und mich schließlich dagegen entschieden. Ich wollte zu der Zeit nicht die Leitung des Reisebüros übernehmen, sondern eher weniger arbeiten. Dennoch führte ich vorerst das Geschäft in Ernst Simons Sinne weiter, mein Mann kümmerte sich zudem um seine finanziellen Angelegenheiten. Durch einen Zufall fanden wir einen Interessenten, der die Agentur und den bereits bestehenden Kundenstamm auf Kommission übernehmen wollte. Ich hatte mit Herrn Simon dies alles besprochen und einen Kontakt zum möglichen neuen Eigentümer hergestellt. Eigentlich war alles vorbereitet, doch Herr Simon sagte im letzten Augenblick ab. Sie können sich vorstellen: Unser Abschied war recht unterkühlt, denn dieses Verhalten empfand ich als unfair. Wir hatten so viel Zeit und Mühe investiert, ihm eine wunderbare Lösung geschaffen, und er ließ mich und damit uns alle plötzlich in der Luft hängen.

Kurz darauf – in der Zwischenzeit war ich eine gute Reiseagentin geworden – wechselte ich zu einer Agentur namens Newfields. Schon aufgrund der vielen Reisen nach Europa, die wir in den letzten Jahren unternommen hatten, war es für mich leicht, Kunden zu beraten.

SABINE LEUTHEUSSER-SCHNARRENBERGER
Welche Klientel haben Sie beraten?

MARGOT FRIEDLÄNDER
Viele Geschäftsreisende, aber auch deutsch-jüdische Privatkunden. Mein Kundenstamm erweiterte sich stetig,

ich hatte viel zu tun. Gerade in der jüdischen Community war ich eine gefragte Ansprechpartnerin für Reisen. Ich wurde häufig auch im »92Y« angesprochen, wenn sich dort jemand überlegt hatte, nach Europa zu fahren. Ich konnte Tipps geben, die Routen zusammenstellen und hatte in der Zwischenzeit meine Lieblingsorte in Europa, die ich anderen auch gerne ans Herz legte. Diese Reisen haben mein Leben geprägt. Mein Mann und ich haben viel gesehen und erlebt. Durch das Reisen haben wir viele Freundschaften geschlossen und teilweise auch alte Freunde wiederentdeckt. 1968 zum Beispiel waren wir auf einer Reise durch Sizilien. In Palermo machten wir eine Stadtrundfahrt, der Bus war voller Touristen. Als wir am ersten Halt ausstiegen, kam eine Dame aus dem Bus auf uns zu, packte meinen Mann am Arm und fragte: Sind Sie nicht der Bubi Friedländer? »Bubi« war ein Spitzname unter Freunden für ihn, und die Dame war die Schwester eines Bundesbruders, Rita Rosenberger. Mein Mann freute sich wahnsinnig, sie wiederzusehen. Rita lebte in der Zwischenzeit in England und machte wie wir zufällig eine Reise durch Sizilien. Wir verbrachten viele schöne Stunden miteinander und hielten danach den Kontakt. Ebenso verhielt es sich mit Adolfs Freund Robert, der auch unser Trauzeuge nach der Befreiung in Theresienstadt war. Er war elf Jahre jünger als mein Mann, Halbjude und kräftig gebaut. Teilweise hatte er im KZ im Straßenbau oder Steinbruch gearbeitet. Die Insassen, die in diesen Schwerstarbeitergruppen gemeldet waren, bekamen auch in Theresienstadt immer etwas mehr zu essen. Robert wurde auch ins Außenlager Wulkow geschickt, um dort in den

Wäldern Baracken und unterirdische Anlagen für das Reichssicherungshauptamt zu bauen. Das war ein Projekt, welches Adolf Eichmann unterstand.

SABINE LEUTHEUSSER-SCHNARRENBERGER
Und Sie haben auch Robert wiedergetroffen?

MARGOT FRIEDLÄNDER
Ja. Nach dem Krieg ging er zurück nach Berlin, um dort seine Eltern und seine Schwester wiederzufinden. Er heiratete und engagierte sich politisch. Viele Jahre später kam er mit einer Gruppe von Berliner Politikern nach New York zur Steuben-Parade. Das war schon damals ein großes Spektakel und zog Tausende von Menschen an. Wir trafen ihn mehrmals wieder; nicht nur in New York, sondern auch an vielen Orten unserer Europareisen. Aber ich bin jetzt ins Reden gekommen und abgeschweift ... Ich schulde Ihnen noch eine Antwort: Es hat lange gedauert, aber eines Tages war mein Mann tatsächlich bereit, wieder einen Fuß auf deutschen Boden zu setzen.

SABINE LEUTHEUSSER-SCHNARRENBERGER
Was war der Anlass?

MARGOT FRIEDLÄNDER
Es hat bis 1991 gedauert. Können Sie sich das vorstellen? Wir bekamen eine Einladung zum 80. Geburtstag von Freunden nach Amsterdam, und meine Cousine Marion schaffte es endlich, meinen Mann zu einem Besuch in München zu überreden.

SABINE LEUTHEUSSER-SCHNARRENBERGER
Mit welchen Argumenten?

MARGOT FRIEDLÄNDER
Sie erklärte ihm, München sei nicht Berlin. München sei eine Stadt, die genauso gut in der Schweiz liegen könnte. Viel südlicher geprägt, ein anderes Flair – und natürlich machte sie auch deutlich, dass sich Deutschland in der Zwischenzeit verändert hatte. Es gab eine neue Generation von Deutschen, die für ein tolerantes Land stand. So machten wir auf unserem Weg nach Holland für drei Tage Station in München.

SABINE LEUTHEUSSER-SCHNARRENBERGER
Ihr Mann hat Deutschland 1946 verlassen, nach all dem, was Sie beide durchleben mussten. Ich kann verstehen, dass er keinen Fuß mehr auf deutschen Boden setzen wollte …

MARGOT FRIEDLÄNDER
Ich habe in New York viele Immigranten getroffen, die wirklich auch so gedacht haben. Für sie existierte Deutschland nicht mehr, das war ein Loch in der Landkarte. Sie haben große Probleme gehabt, aus der Ferne die Entwicklungen in Deutschland zu verfolgen. Ich erinnere mich an Juden, die große Angst davor hatten, dass Deutschland nach der Wiedervereinigung an Stärke und auch an militärischer Präsenz gewinnt.

SABINE LEUTHEUSSER-SCHNARRENBERGER
Da gab es auch viele Vorbehalte bei Politikern. Marga-

ret Thatcher zum Beispiel war nicht begeistert. Und ich erinnere mich – das hat Helmut Kohl auch in seinen Erinnerungen geschrieben –, dass es auch auf israelischer Seite Vorbehalte gab. Man wusste nicht, wie man mit einem vereinten, größeren Deutschland umgehen sollte. Man darf nicht vergessen: Es waren noch keine 50 Jahre vergangen zwischen Kriegsende und Wiedervereinigung. Geschichtlich gesehen ist das wirklich nur ein Augenblick.

MARGOT FRIEDLÄNDER
Wir hatten Bekannte in New York, für die war Deutschland im wahrsten Sinne gestorben. Entweder weil sie selbst im Konzentrationslager gewesen waren oder weil ihnen – wie auch uns – das Überleben nur mit viel Glück in letzter Minute gelungen ist. Viele – und damit meine ich nicht nur die, die nach Amerika ausgewandert sind, sondern auch Verfolgte, die in Europa geblieben oder ins damalige Palästina gegangen sind – sind natürlich ein Leben lang durch die Ereignisse traumatisiert gewesen. Das, was Menschen während dieser Jahre erlebt haben, ist in ihnen. Auch ich würde lügen, würde ich behaupten, ich hätte all die schrecklichen Bilder und Ereignisse verdrängen können. Natürlich werde ich manchmal wach, weil ich im Schlaf irgendetwas noch einmal durchleben und verarbeiten muss. Man kann so etwas nicht vergessen.

SASCHA HELLEN
Wie hat Ihr Mann auf die Tage in München reagiert?

MARGOT FRIEDLÄNDER
Das ist schwer zu beantworten. Ich konnte – und kann es

immer noch nicht – seine Gefühle nichtwirklich einschätzen. Er hatte, zumindest machte er den Eindruck, keinerlei Probleme und Bedenken, sich die Stadt anzugucken, und es hat ihm sehr gefallen. Wir haben die Kirchen besucht, Museen und Geschäfte. Wir haben uns treiben lassen durch die Innenstadt, Delikatessen bei Dallmayr eingekauft. Den Viktualienmarkt mochte er sehr, und Adolf wirkte unbeschwert, denn München hatte ja nicht direkt etwas mit seiner Vergangenheit zu tun. Wie es in seinem Inneren aussah, darüber kann ich nur spekulieren. Vielleicht hätte ich mehr drängen müssen, dass wir auch nach Berlin fahren. Das wäre aber wahrscheinlich für ihn zu schmerzvoll gewesen. Wir hatten damals schon eine Reihe von Einladungen, unter anderem durch den Berliner Senat. Auch die Akademie der Künste hatte ein Treffen organisiert und ehemalige jüdische Bürgerinnen und Bürger nach Berlin eingeladen. Sie wollten die Mitglieder des Kulturbundes versammeln und natürlich auch eine neue, demokratische und weltoffene Stadt präsentieren.

SABINE LEUTHEUSSER-SCHNARRENBERGER
Glauben Sie, Deutschland 2021 hätte Ihrem Mann gefallen?

MARGOT FRIEDLÄNDER
Es hätte ihm sicherlich gutgetan, glaube ich. Vielleicht hätte es ihm geholfen, die Traumata der Vergangenheit zu überwinden ... Das heutige Berlin hätte ihn beeindruckt. Mich beeindruckt es auch immer wieder aufs Neue.

SASCHA HELLEN
Wie nehmen Sie Berlin heute wahr?

MARGOT FRIEDLÄNDER
Berlin ist eine sehr junge Stadt, und obwohl es Hauptstadt ist, habe ich nicht den Eindruck, dass Berlin eine solche Metropole ist wie etwa London oder New York. Ich fühle mich hier wohl, und ich mag es sehr, dass bei vielen Häusern noch die ursprünglichen Fassaden vorhanden sind. Und dann gibt es wieder plötzlich diese skyscraper, die mich dann doch sehr an Manhattan erinnern. Berlin wirkt auch sehr unfertig. Immer wird irgendwo gebaut, zum Beispiel gibt es jetzt schon lange diese Baustelle neben unserem Haus hier. Es ist so viel in Bewegung, so viel im Umbruch. Mir gefällt, dass die Straßen voller junger Menschen sind, das ist ein gutes Zeichen.

SABINE LEUTHEUSSER-SCHNARRENBERGER
Sind Sie traurig, dass Ihr Mann seinen Lebensabend nicht in Berlin verbringen konnte?

MARGOT FRIEDLÄNDER
Ja und nein. Natürlich hätte ich Adolf gerne auch in Berlin, in unserem früheren Zuhause, an meiner Seite gehabt. Aber es war auch gut so, wie es für uns gelaufen ist. Adolf hatte sich 1976 zur Ruhe gesetzt, ich arbeitete noch einige Tage in der Woche im Reisebüro. Wir hatten mehr Zeit füreinander, und ich konnte noch immer unsere Flüge günstiger buchen. Wir entflohen oft dem Winterwetter in New York und sind in die Sonne gefahren, mal eine Schiffstour durch die Karibik, mal eine Reise nach Hawaii ... Irgendwann, Mitte der Achtzigerjahre, sind wir auf die Idee gekommen, die Wintermona-

te gar nicht mehr in New York, sondern in Palm Springs zu verbringen.

SASCHA HELLEN
Ab ins sonnige Kalifornien!

MARGOT FRIEDLÄNDER
Ja, Palm Springs ist wunderbar, und das Wetter ist gerade in den dunklen Wintermonaten ein Traum. Während man in New York die Heizung anwerfen musste, konnten wir in Palm Springs im T-Shirt sitzen oder in den Pool gehen. Im Sommer reisten wir dann nach Europa. Allerdings verschlechterte sich leider auch der Gesundheitszustand meines Mannes in dieser Zeit, sein Augenlicht wurde immer schwächer. Auch mussten wir von geliebten Menschen Abschied nehmen. Unser Freund Robert wurde sehr krank, und seine Frau informierte uns darüber. Das war übrigens der Moment, wo mein Mann wirklich bereit gewesen wäre, nach Berlin zu fahren, um ihn noch einmal zu sehen. Hierfür hätte er eine Ausnahme gemacht. Die Freundschaft mit Robert, das gemeinsam Erlebte, die tiefe Verbindung, die Jahre im Lager ... das alles war für meinen Mann wichtiger als das eigene Trauma einer Reise nach Berlin. Doch Roberts Frau hatte uns gebeten, nicht zu kommen und ihn so in Erinnerung zu behalten, wie wir ihn zuletzt gesehen haben. Er ist auch kurze Zeit später verstorben. 1996 waren mein Mann und ich noch einmal in Europa unterwegs, und ich spürte bei Adolf Veränderungen. Das Gehen fiel ihm schwer, er wollte aber nicht im Rollstuhl gefahren werden. Auf dem Hinflug fing er nach dem Essen plötz-

lich an, sein Hemd aufzuknöpfen, weil er schlafen gehen wollte. Ich wurde panisch. »Häschen!«, rief ich. »Du bist im Flugzeug, hier kannst du nicht in dein Bett gehen!«

SABINE LEUTHEUSSER-SCHNARRENBERGER
»Häschen« haben Sie Ihren Mann genannt, das klingt sehr liebevoll. Wie hat er Sie genannt?

MARGOT FRIEDLÄNDER
Das will ich nicht sagen ...

SASCHA HELLEN
Schade!

MARGOT FRIEDLÄNDER (lacht)
Er hat mich »Ziege« genannt und sagte immer: »Sehr herzlich, aber ein bisschen dumm.« Das war sein Humor. Ich habe ihn sehr gemocht, und er mich auch. Das habe ich gespürt.

SABINE LEUTHEUSSER-SCHNARRENBERGER
Doch ich habe Sie unterbrochen, Entschuldigung. Wie ging es weiter?

MARGOT FRIEDLÄNDER
Ich konnte meinen Mann beruhigen, aber es kostete mich viel Kraft. Die ganze Nacht habe ich seine Hand gehalten, war besorgt, was mit ihm passiert. Die restliche Reise verlief ohne Schwierigkeiten, Gott sei Dank. Allerdings wurde mein Mann in den nächsten Monaten immer komischer. Er nörgelte, was sonst gar nicht seine

Art war, und beklagte sich über Dinge, die jahrelang in Ordnung gewesen waren. Eines Morgens im April 1997, nachdem wir gefrühstückt hatten, ging mein Mann ins Badezimmer, um sich zu rasieren, während ich das Frühstücksgeschirr abwusch. Ich hörte einen seltsamen dumpfen Ton und dachte, dass wahrscheinlich in der Wohnung über uns etwas auf den Boden gefallen sei. Adolf brauchte außergewöhnlich lange im Bad, und als ich nachsah, ob er fertig war, lag er auf dem Boden. Das war der dumpfe Ton gewesen.

SABINE LEUTHEUSSER-SCHNARRENBERGER
Ein Schlaganfall?

MARGOT FRIEDLÄNDER
Ich weiß es nicht genau. Er lag bei vollem Bewusstsein auf dem Boden, wollte sich bewegen, aber es gelang ihm nicht. Ich konnte ihn selbst kaum aufheben, versuchte aber mit aller Kraft, ihn ins Bett zu bringen. Ich ging zunächst davon aus, dass er keinen Schlaganfall gehabt hatte, denn er konnte alle seine Glieder bewegen. Natürlich rief ich den Doktor an. Adolf begann sich zu übergeben und bekam Krämpfe. Der Arzt war im Begriff, für eine Woche zu verreisen, und verwies mich an einen Vertretungsarzt, den ich auch gleich anrief. Dieser schlug mir vor, wenn möglich in der Nacht wach zu bleiben, um Adolf zu beobachten. Wir sollten bis zum Morgen abwarten, denn es war jetzt bereits später Nachmittag. Die Nacht verging, und mein Mann schlief ruhig, tief und fest. Ich hingegen war sehr beunruhigt. Ein Gefühl sagte mir: Das ist der Anfang vom Ende!

SABINE LEUTHEUSSER-SCHNARRENBERGER
Ich finde es sehr schön, wie Sie über Ihren Mann sprechen. Man bekommt den Eindruck, er war ein wirklich außergewöhnlicher Mensch.

MARGOT FRIEDLÄNDER
Ja, das war er. Definitiv. Sind Sie eigentlich verheiratet?

SABINE LEUTHEUSSER-SCHNARRENBERGER
Ich bin seit 2006 verwitwet. Mein Mann ist an Krebs gestorben. Wir haben 1976 geheiratet. 1977 ging mein Mann nach Bayern, arbeitete beim Bauer Verlag und war später freiberuflicher Journalist. Ich folgte ihm nach dem zweiten Staatsexamen, da ich eine Stelle als Juristin im Deutschen Patent- und Markenamt in München antrat. Mein Mann war sehr kreativ, innovativ und freiheitsliebend. Wir haben auch keine Kinder, hatten aber immer Hunde. Ernst war ein großer Hundefreund. Er nahm unseren Hund mit in die Redaktion und selbstverständlich auch mit in sein Büro. Er war ein exzellenter Koch, ein Musikliebhaber und hat mir, weil ich mich ja damals schon sehr stark politisch engagierte, stets den Rücken freigehalten.

SASCHA HELLEN
War Ihr Mann Parteimitglied?

SABINE LEUTHEUSSER-SCHNARRENBERGER
Mein Mann ist in die FDP eingetreten. Ausschließlich wegen des Mitgliederentscheids zum Großen Lauschangriff. Er wollte mich unterstützen, weil er uneingeschränkt mei-

ner Meinung war und weil er meinen Rücktritt damals absolut richtig fand. Diese ganze Vereinsmeierei war nie seine Welt, Parteiarbeit auch nicht. Seine Freiheitsliebe und die Verantwortung des Einzelnen zu stärken waren die Motoren, die ihn antrieben.

MARGOT FRIEDLÄNDER
Eine ganz wichtige Sache. Ein jeder von uns hat Verantwortung, ob jung, ob alt ... Wir können nur gemeinsam etwas erreichen. Das habe ich im Laufe meines Lebens erkannt. Wir dürfen uns nicht immer nur ausruhen und mit dem zufriedengeben, was wir haben. Wenn wir etwas verändern wollen, müssen wir uns auch einbringen. Trotz allem, was mir widerfahren ist, bin ich Optimistin geblieben. Ich glaube an das Gute im Menschen, ich glaube an den Menschen. Es hat schon einen Grund, warum wir hier auf Erden sind.

SASCHA HELLEN
Die Krebserkrankung Ihres Mannes war ein tiefer Einschnitt. Sicherlich konnten Sie sich nach seinem Tod auch durch die Politik trösten, ablenken.

SABINE LEUTHEUSSER-SCHNARRENBERGER
Ich hatte viele Aufgaben, und das hat mir geholfen. Ich saß nicht ständig allein zu Hause. Dennoch war sein Tod nach kurzer, schwerer Krebserkrankung ein großer Verlust, und es war eine harte Zeit. In diesen letzten Monaten sind mein Mann und ich allerdings noch ganz besonders nah gewesen. Das wird sicherlich bei Ihnen auch so gewesen sein?

MARGOT FRIEDLÄNDER
Ich habe meinen Mann fast acht Monate lang gepflegt. Es waren schwere Zeiten, und manchmal war ich am Ende meiner Kräfte. Nach dem Zusammenbruch im Bad bekam er am nächsten Morgen wieder einen heftigen Anfall. Ich bestellte den Krankenwagen. Wir wohnten in Queens, und unsere Ärzte und das Krankenhaus befanden sich in Manhattan. Natürlich wollte das Team des Ambulanzwagens ihn sofort in das nächstgelegene Hospital bringen und nicht erst 40 Minuten quer durch die Stadt fahren. Hier ging es ja schließlich um jede Minute. Ich war verzweifelt, aber es gelang mir, den Fahrer zu überzeugen, ihn doch nach Manhattan zu bringen, denn ich glaubte, dass die medizinische Versorgung dort besser sei. Ich blieb die ganze Zeit an seiner Seite. Die Aufnahme im Krankenhaus zog sich über mehrere Stunden hin, mein Mann lag in einem Bett auf dem Gang, und niemand kümmerte sich um ihn. Endlich wurde er in ein Krankenzimmer geschoben, nur lockere Vorhänge trennten ihn von den anderen Patienten. Ich musste draußen warten, durfte aber, als sich sein Zustand verschlechterte, zu ihm, um ihn zu beruhigen. Erst am späten Abend bekam er ein eigenes Zimmer, und gegen 22 Uhr ging ich auf Anraten der Ärzte nach Hause. Das war ein großer Fehler. Ich versäumte den Doktor, der noch spät am Abend zur Visite kam, und ich erfuhr am nächsten Morgen, wie schlecht es Adolf in der Nacht ergangen war. Er hat sich derart aufgeregt, dass ich nicht in seiner Nähe war, und immer wieder nach mir gefragt, geschrien, bis man ihn schließlich sogar am Bett festband. Ich habe mir schwere Vorwür-

fe gemacht. Am nächsten Tag nahm ich ihn mit nach Hause und habe mir geschworen, dass egal, was jetzt passiert, ich mich um ihn kümmern und ihn auf keinen Fall in ein Pflegeheim einweisen würde. Adolf lebte nicht mehr in der Gegenwart. Oder anders gesagt: Er war zwar bei mir, aber nicht mit mir. Plötzlich konnten wir uns nicht mehr unterhalten. Ich weiß auch gar nicht, was er wirklich noch alles wahrnehmen konnte. Die Krankheit veränderte ihn von Tag zu Tag. Zeitweise verhielt er sich ganz normal, dann kamen wieder kritische Phasen.

SABINE LEUTHEUSSER-SCHNARRENBERGER
Und Sie haben ihn ganz alleine gepflegt? Selbst das ist ja schon eine Mammutaufgabe, die größten Respekt verdient.

MARGOT FRIEDLÄNDER
Ich hatte eine Hilfe, für einige Stunden am Tag, denn ich konnte meinen Mann ja überhaupt nicht mehr alleine lassen. Es musste immer jemand bei ihm sein, und hin und wieder musste ich ja auch Einkäufe oder sonstige Erledigungen tätigen. Ansonsten war ich immer an seiner Seite. Vor allem die Nächte waren furchtbar. Er fand keine Ruhe, begann oft zu weinen. Sein Zustand verschlimmerte sich zunehmend. Er wurde bettlägerig, und die Vergangenheit holte ihn mehr und mehr ein. So fragte er mich zum Beispiel immer und immer wieder nach seiner Mutter. Adolfs Mutter wurde 1943 nach Auschwitz deportiert und umgebracht. Jetzt tauchte sie in seinem Kopf wieder auf, als wäre sie noch da ... die Ereignisse verfolgten ihn. Ich brauchte in der

Zwischenzeit eine Pflegerin, die sich mit mir Tag und Nacht um Adolf kümmerte. Schließlich, an einem Sonntag Mitte Dezember 1997, schickte ich sie nach Hause, denn ich merkte, dass Adolf sich auf den Weg machte. Er hatte seit einigen Wochen nicht mehr gesprochen, zog sich immer mehr in sich selbst zurück. Ich hatte den Eindruck, dass ich ihn kaum noch erreiche. Ich saß an seinem Bett und erzählte ihm, wie lange wir schon verheiratet waren. Es fiel mir schwer, und ich konnte meine Tränen kaum zurückhalten. Ich erzählte ihm von all dem, was uns verband, was wir gemeinsam durchgemacht hatten und wie wertvoll er für mich war. Er war nicht nur ein Vorbild, er war auch eine große Stütze. Ich konnte mein Leben leben und mich verwirklichen, weil ich ihn an meiner Seite wusste. Plötzlich antwortete Adolf mir auf Englisch: »Happy years, happy years.« Ja, es waren glückliche Jahre, das habe ich auch so gesehen. Und ich bin dankbar, dass ich sie mit ihm teilen durfte. »Happy years«, das waren seine letzten Worte. Eine Woche später schloss er die Augen und ging. Ich fiel in ein tiefes Loch, denn ich konnte mir ein Leben ohne ihn nicht vorstellen. Was hatten wir alles gemeinsam geschafft und durchgestanden! Ich konnte nur so stark sein, weil er mir die Stärke gab. Geholfen haben mir die vielen Kondolenzbriefe und die Anerkennung, nicht zuletzt aus dem »92Y«, die mich erreichten. Viele Menschen fühlten sich mit mir in diesen schweren Stunden verbunden und machten noch einmal deutlich, welch außergewöhnliche Persönlichkeit Adolf Friedländer gewesen war. Er konnte Menschen begeistern mit seiner herzlichen und pragmatischen Art.

SASCHA HELLEN
Hat Ihnen die Gemeinschaft im »92Y« auch dabei geholfen, wieder ins Leben zurückzufinden?

MARGOT FRIEDLÄNDER
Ja, vor allem Jo Frances Brown aus dem Club »60+«. Jo war die Leiterin des Clubs, wir freundeten uns direkt an. Sie hat mir gezeigt, dass es noch ein Leben für mich gibt. Sie nahm mich buchstäblich an die Hand und gab mir zu verstehen, dass Adolf immer in meiner Erinnerung bleiben wird, ich mich aber jetzt nicht in der Trauer aufgeben darf. Ich fing an, verschiedene Kurse zu besuchen, und fand nach und nach wieder zu mir selbst. Ich beschloss, das Leben – MEIN Leben – so weiterzuführen, wie ich es in all den Jahren mit Adolf getan hatte. Schon bald ging ich wieder auf Reisen, wieder nach Deutschland. Diese Reisen gaben mir Kraft, und ich freute mich wirklich auf alles Kommende. Eigentlich freute ich mich schon immer wieder auf die nächste Reise, denn: Was wartete in New York jetzt noch auf mich?

Obwohl Margot Friedländer nun schon seit Stunden aus ihrem Leben berichtet, wirkt sie nicht müde, ganz im Gegenteil. Kurz unterbricht sie das Gespräch, steht auf und öffnet die Balkontür, damit der Kater an die frische Luft kann. Das Tier ist ein Geschenk von guten Freunden, die beruflich derart eingespannt waren, dass sie sich nicht ausreichend um ihn kümmern konnten. Bei Margot Friedländer fand er ein neues Zuhause. Im Vorbeigehen rückt sie einen Bilderrahmen zurecht. Die Fensterbänke sind mit Fotos überhäuft. In

Silber gerahmt stehen hier Menschen aufgereiht, die in Margot Friedländers Leben eine besondere Rolle spielen. Ansonsten stapeln sich Papiere, Zeitschriften und Bücher auf dem Tisch. Margot Friedländer geht in die Küche, brüht neuen Tee auf. Nach wenigen Minuten der Unterbrechung kann es weitergehen.

SASCHA HELLEN
Frau Friedländer, wir müssen Ihnen jetzt einmal ein großes Kompliment machen: Keine Spur von Müdigkeit oder Erschöpfung! Und das, obwohl Sie jetzt fast 100 Jahre alt sind. Wie wird man so alt?

MARGOT FRIEDLÄNDER
Das weiß ich nicht. Wahrscheinlich Glückssache.

SABINE LEUTHEUSSER-SCHNARRENBERGER
Was hält Sie jung?

MARGOT FRIEDLÄNDER
Meine Neugierde. Ich bin wahnsinnig neugierig und möchte immer wissen, was passiert. Es passiert ja auch noch sehr viel in der Welt. Ich mag es nicht, allein zu sein. Ich habe gerne Menschen um mich, führe Gespräche, höre zu. Es ist toll, dass ich vor allem einen sehr jungen Freundeskreis hier in Berlin habe. Und wenn ich mal alleine in der Wohnung bin, dann lese ich, höre Radio oder Musik ... Irgendwas ist immer.

SASCHA HELLEN
Was haben Sie für ein Zeitgefühl?

MARGOT FRIEDLÄNDER
Viele Dinge sind mir ganz nah, obwohl sie schon Jahrzehnte her sind. Aber trotzdem lebe ich im Hier und Jetzt.
Ich fühle mich nicht wie 99. Wirke ich wie 99?

SASCHA HELLEN
Nein.

MARGOT FRIEDLÄNDER
Das liegt vielleicht auch daran, dass ich ausschließlich jüngere Freunde habe. Als ich vor zehn Jahren nach Berlin kam, kannte ich so gut wie niemanden. In der Zwischenzeit werde ich gehalten von einem großen Freundeskreis, tolle Menschen, die sich um mich kümmern und mit denen ich wunderbare Stunden verbringen durfte. Ich möchte jetzt niemanden hervorheben. Jeder Einzelne ist mir ans Herz gewachsen.
Nach all den Jahren in Amerika habe ich mich natürlich oft gefragt, wie es möglich ist, dass ich hier so schnell Freunde gefunden habe. Deutsche Freunde, in dem Land, das uns nicht wollte und das uns alles, was wir besaßen, genommen hatte. Deutsche Freunde in einem Land, das zugelassen hat, dass man sechs Millionen Menschen umgebracht hat, nur weil sie Juden oder Oppositionelle waren. Aber meine Freunde sind alle nach Hitlers Machtergreifung geboren oder waren damals noch sehr jung. Viele von ihnen tragen in sich ein tiefes Schuldgefühl, das spüre ich. Doch ich hatte niemals das Gefühl, dass sie mir, nur weil ich eine Überlebende bin, ihre Freundschaft schulden. Umgekehrt werde ich sie

nie für etwas beschuldigen, das zu ändern nicht in ihrer Macht stand. Ich liebe Menschen, das hält mich wahrscheinlich jung.

SASCHA HELLEN
Hand aufs Herz: Haben Sie es jemals bereut, zurück nach Deutschland, nach Berlin zu kommen?

MARGOT FRIEDLÄNDER
Das war für mich wahrscheinlich die beste Entscheidung, die mich in gewisser Weise auch gerettet hat. In New York hätte ich im Alter nicht ein solch wunderbar turbulentes und anstrengendes Leben geführt wie hier in Berlin. Ich bin ausgelastet und eingebunden. All diese Begegnungen, Gespräche halten mich auf Trab. Und: Auch die Leute sind mir dankbar, denn fast alle sind ein bisschen wach geworden durch mich.

SABINE LEUTHEUSSER-SCHNARRENBERGER
Haben Sie auch manchmal traurige Momente?

MARGOT FRIEDLÄNDER
Ach, natürlich. Die hat doch jeder Mensch, oder? The blues ... In New York hatten wir sehr gute Freunde. Darunter war auch ein Bundesbruder meines Mannes. Seine Frau hieß Helga, und sie hat mich oft gefragt, warum ich nicht einen Psychiater aufsuche. Ganz ehrlich: Was kann ich dem sagen, wenn ich auf der Couch liege? Ich will ihm erzählen, was gewesen ist. Und? Was soll er mir raten? Ich weiß doch, was los war. Ich hab' es doch erlebt.

SASCHA HELLEN
Haben Sie noch Pläne?

MARGOT FRIEDLÄNDER
Es ist schade, dass uns durch Corona viel Zeit geraubt wird. Seit über einem Jahr muss ich nun schon auf Konzerte und Veranstaltungen verzichten. Es gab Zeiten, da war es überhaupt schwierig, Besuch zu empfangen. Ich hoffe, dass das bald vorbei ist und wir wieder Kultur genießen können.

SABINE LEUTHEUSSER-SCHNARRENBERGER
Fühlen Sie sich durch Corona eingesperrt?

MARGOT FRIEDLÄNDER
Ich weiß, was es heißt, eingesperrt zu sein. Aber hier sind wir ja eigentlich nicht eingesperrt – es ist zu unser aller Schutz. Ich beklage mich nicht, es ist einfach nur schade. Es ist erstaunlich, wie sich unser Alltag verändert hat. Das geht Ihnen doch bestimmt auch nicht anders, oder?

SABINE LEUTHEUSSER-SCHNARRENBERGER
Ja, es ist ein ganz neuer Rhythmus entstanden. Viele Veranstaltungen sind ausgefallen oder finden ausschließlich digital statt. Ich reise viel weniger, sitze dafür stundenlang vor dem Computer und zoome. Ich habe wahrscheinlich noch nie so viel Zeit zu Hause verbracht, aber ich stelle auch fest, bei allen Vorteilen, die die Digitalisierung mit sich bringt: Das persönliche Gespräch und die Begegnung sind durch nichts zu ersetzen. Natürlich vermisse ich – wie wahrscheinlich alle – das Gespräch mit Freun-

den, den Besuch im Restaurant, das Konzert ... Hier geht viel Lebensqualität verloren. Und ich bin mir nicht sicher, ob wir das in naher Zukunft wieder unbeschwert genießen und erleben können.

MARGOT FRIEDLÄNDER
Es ist eine schwierige Zeit, aber jetzt müssen wir doch mal ganz ehrlich sein: Uns geht es trotz Corona sehr gut. Wir leiden keinen Hunger, und wir haben ein funktionierendes Gesundheitssystem. Mich erschreckt, dass einige den Judenstern in diesen Tagen wieder nutzen, um auf das Impfen und die Impfverweigerung hinzuweisen. Das ist furchtbar, und da dreht sich mir der Magen um. Ich finde es schrecklich, dass Menschen solche Parallelen ziehen. Die haben tatsächlich nichts aus der Geschichte gelernt!

SABINE LEUTHEUSSER-SCHNARRENBERGER
Oder der Vergleich dieser Querdenkerin aus Hannover mit Sophie Scholl. Das ist ein Schlag ins Gesicht aller Demokraten! Ich frage mich allen Ernstes, was in solchen Köpfen vorgeht.

SASCHA HELLEN
Ich würde gerne mit Ihnen beiden über das Frauenbild im Wandel der Zeit sprechen.

SABINE LEUTHEUSSER-SCHNARRENBERGER
Ach Gott ...!

SASCHA HELLEN
Na gut, dann fangen wir doch direkt bei Ihnen an, Frau

Leutheusser-Schnarrenberger. Mussten Sie als Frau in der Politik härter arbeiten, um sich gegenüber so manchem männlichem Kollegen zu beweisen?

SABINE LEUTHEUSSER-SCHNARRENBERGER
Natürlich habe ich, als ich zum ersten Mal ins Bundeskabinett gerufen wurde, unterschiedliche Reaktionen wahrgenommen. Dazu gehörte auch eine gewisse Skepsis in den Medien und in der Politik. Man hat als Bundesjustizministerin große Verantwortung, und es schwang immer die Frage »Kann die das?« mit. Allerdings habe ich mich nicht beirren lassen, und es war mir wichtig, unabhängig vom Ministertitel, in all meinen Berufen stets kompetent und eingearbeitet zu sein. Ich musste keine besonderen Hürden überwinden, nur weil ich eine Frau war ... Ich musste auch nicht härter arbeiten, wie es oftmals vermutet wird. Natürlich war das Justizressort kein klassisches Frauenressort. Das sind eher Themen wie Familie und Soziales. Justiz ist kein »weiches« Thema und wurde bis zu meiner Ernennung tatsächlich auch von Männern dominiert.

SASCHA HELLEN
Sie waren Bundesministerin in den Kabinetten von Helmut Kohl und Angela Merkel. Mit wem haben Sie besser zusammengearbeitet?

SABINE LEUTHEUSSER-SCHNARRENBERGER
Ich habe mit beiden sehr gut und sehr vertrauensvoll zusammengearbeitet. Auch hatte ich nie das Gefühl, in einem der Kabinette, in denen ich gedient habe, benachteiligt zu sein. Helmut Kohl hat relativ früh das Kabinett

für Frauen geöffnet. Er hat verstanden, dass die Zeit reif war, Frauen in die Regierung zu integrieren. Angela Merkel hat natürlich noch mal einen ganz anderen Sinn für Frauenpolitik. Das kann auch mit der eigenen Biografie zusammenhängen. Auch hatte ich stets den Eindruck, dass sie sehr schnell begriffen hat, dass Frauenpolitik noch nicht ernst genommen wurde.

SASCHA HELLEN
Das hat sich ja glücklicherweise geändert.

SABINE LEUTHEUSSER-SCHNARRENBERGER
Ja. Angela Merkel hat großes politisches Gespür, sonst wäre sie nicht mehrfach vom »Time Magazine« zur »Frau des Jahres« gewählt worden. Die internationale Anerkennung, die ihr zuteilwird, macht deutlich, wie klug sie als Bundeskanzlerin über viele Jahre agiert hat. Ich habe große Hochachtung vor ihr, vor allem aber kann ich sagen, dass ich sie als eine stets hervorragend informierte, kompetente und uneitle Gesprächspartnerin erlebt habe. Ob als Ministerkollegin – als ich Justizministerin im Kabinett von Helmut Kohl war, war Angela Merkel Umweltministerin – oder später als Bundeskanzlerin.

SASCHA HELLEN
In welchem Kabinett wurde mehr gelacht – bei Helmut Kohl oder bei Angela Merkel?

SABINE LEUTHEUSSER-SCHNARRENBERGER
Gelacht wurde in keinem der beiden Kabinette so richtig viel …

MARGOT FRIEDLÄNDER

Dem Lob für Frau Merkel kann ich mich nur anschließen. Ich habe sie als eine sehr herzliche Frau erlebt und war auf ihre Einladung hin einmal in Stralsund, ihrem Wahlkreis, und habe dort mit Jugendlichen diskutiert und aus meinem Buch gelesen. Sie hatte mich darum gebeten, konnte allerdings leider selbst nicht dabei sein. Wir haben uns danach aber mehrfach getroffen. Mir imponiert ihre Arbeitsleistung. Außerdem hat sie sich immer sehr klar für jüdisches Leben und gegen Antisemitismus ausgesprochen.

Aber um auf Ihre Frage zurückzukommen: Ich hatte nie das Gefühl, mich als Frau über das Maß hinaus behaupten zu müssen. Persönlich war es mir aber immer auch egal; ich habe sowohl mit Männern als auch mit Frauen zusammengearbeitet. Manchmal gibt es unter Frauen eine Form der sogenannten Stutenbissigkeit. Ich habe dies aber auch nie wirklich erlebt, sondern bin stets an sehr angenehme Arbeitskolleginnen oder Chefinnen geraten.

SABINE LEUTHEUSSER-SCHNARRENBERGER

Mein Vater hat meinen Schwestern und mir von Anfang an ein sehr klares Frauenbild vermittelt. Er stellte uns dreien vollkommen frei, für welche berufliche Richtung wir uns entscheiden. Das war damals überhaupt nicht selbstverständlich, denn für meine Generation galt durchaus noch ein anderes Rollenverständnis. Meine Eltern haben es als ihre Hauptaufgabe gesehen, uns eine gute Ausbildung mitzugeben. Das war ein wertvolles Gut.

SASCHA HELLEN
Frau Friedländer, haben Sie Angst vor dem Tod?

MARGOT FRIEDLÄNDER
Nein. Ich habe dem Tod so oft ins Auge geblickt, der macht mir keine Angst mehr.

SASCHA HELLEN
Nach fast 100 gelebten Jahren – was bleibt?

MARGOT FRIEDLÄNDER
Alt werden ist nicht leicht und auch nicht immer ein Vergnügen, das könnt ihr mir glauben. Aber habe ich etwas erreicht, das nachhaltig ist? Das kann ich nicht beantworten ... sagt ihr es mir.

SABINE LEUTHEUSSER-SCHNARRENBERGER
Sich mit Ihnen zu unterhalten ist ein großes Geschenk, und Sie reichen den Deutschen die Hand. Immer wieder. Sie sind Mahnerin und Versöhnerin.

MARGOT FRIEDLÄNDER
Vielen Dank, das freut mich. Ich habe immer den Eindruck, ich habe gar nicht so viel getan. Aber letztendlich ist es auch nicht wichtig, was ich getan habe. Wichtig ist, was ihr daraus macht. Wichtig ist, dass ihr nicht vergesst. Es ist wichtig, dass ihr die Erinnerung wachhaltet und dafür sorgt, dass so etwas, wie ich es erlebt habe, nie wieder passieren wird. Wir sind alles Menschen. Warum müssen wir gegeneinander kämpfen? Zusammen können wir doch viel mehr erreichen. Das dürft ihr nie vergessen.

Beitrag von Prof. Dr. Ludwig Theodor Heuss, Vorsitzender des Kuratoriums der Friedrich-Naumann-Stiftung für die Freiheit, zum Buchprojekt Margot Friedländer/Sabine Leutheusser-Schnarrenberger: »Ich tue es für Euch – Was wir von einer hundertjährigen Holocaustüberlebenden über Vergebung, Hoffnung und Toleranz lernen können«

Die Friedrich-Naumann-Stiftung für die Freiheit bietet auf Grundlage der Idee des Liberalismus Angebote zur politischen Bildung in Deutschland und in aller Welt. Mit unseren Veranstaltungen und Publikationen helfen wir Menschen, sich aktiv ins politische Geschehen einzumischen. Begabte junge Menschen fördern wir durch Stipendien. Seit 2007 ist der Zusatz »für die Freiheit« Bestandteil unseres Stiftungsnamens. Denn die Freiheit hat keine gute Konjunktur im Deutschland dieser Tage. Umso wichtiger ist es, für Freiheit zu werben und darum, die Verantwortung wahrzunehmen, die mit Freiheit einhergeht. Wir tun dies seit unserer Gründung am 19. Mai 1958. Unsere Geschäftsstelle ist in Potsdam, Büros unterhalten wir in ganz Deutschland und über 60 Ländern der Welt.

Für den liberalen Vordenker und Namensgeber der Stiftung, Friedrich Naumann, stand fest: Eine starke Demokratie braucht mündige Bürger. Erst wenn der Einzelne am politischen Prozess teilnimmt und Verantwortung übernimmt, wenn er sich einmischt und seine Meinung vertritt, wächst und gedeiht eine liberale Gesellschaft.

Diese Idee hat die Stiftung von Anfang an geprägt. Wir wollen dazu beitragen, dass es auf der ganzen Welt immer weniger Untertanen gibt und immer mehr selbstbewusste, politisch aktive Bürger.

Verständnis ist die wichtigste Voraussetzung für politische Beteiligung. Deshalb wollen wir durch die politische Bildung den Menschen den Liberalismus nahebringen – und damit auch begreifbar machen. Politische Bildung findet aber nicht nur im Kopf statt. Im Mittelpunkt unserer Arbeit steht der ganze Mensch mit seinen Werten und Ideen, die es zu verändern oder zu bestärken gilt.

Als liberale politische Stiftung orientieren wir uns am Modell der offenen Gesellschaft. Die offene Gesellschaft ist das Gegenmodell zu totalitären Staatsformen wie dem Nationalsozialismus oder Kommunismus. In der offenen Gesellschaft hat jeder die Freiheit zu sein, wie er ist. Und damit die Chance, sein Leben selbst zu gestalten. Zur Freiheit in einer offenen Gesellschaft gehören grundlegende humanistische, Freiheit stiftende Werthaltungen wie Toleranz, Selbstbestimmung oder Selbstverwirklichung und Autonomie – aber auch Freiheit wahrende Rechte wie ein umfassender Grundrechtsschutz, Menschenrechte weltweit, Meinungsfreiheit, Demonstrationsfreiheit und das Recht auf körperliche Unversehrtheit.

Als Stiftung für die Freiheit setzen wir uns für die Vielfalt und Toleranz unserer offenen Gesellschaft ein.

Wir sind überzeugt: Gelebte Vielfalt und Wertschätzung dieser Vielfalt haben eine positive Auswirkung auf unsere Organisation und auf die Gesellschaft in Deutschland. Jede und jeder muss die Chance haben, ihr oder sein Leben selbst zu gestalten. Diskriminierung, Ausgrenzung und Unterdrückung sind die Feinde der Demokratie, die durch autoritäre Bestrebungen und Angriffe auf die Rechtsstaatlichkeit zunehmend bedroht ist.

Es gilt, wachsam zu sein. Die Wahrung der Menschenrechte ist keine Floskel für Sonntagsreden. Sie ist das Geschenk der europäischen Aufklärung. Die rücksichtslose Verfolgung politischer, religiöser oder gesellschaftlicher Minderheiten ist auch heutzutage Merkmal autoritärer Regime weltweit. Dagegen sind Demokratie und Freiheit die stärksten Waffen. Für diese zu kämpfen ist unsere Aufgabe und Verpflichtung.

In einem Buch über die Lehren aus der dunkelsten Zeit deutscher Geschichte müssen wir die Bedrohungen der Freiheit ansprechen. Und wir müssen klar bezeichnen, dass diese Bedrohungen nicht nur außerhalb Deutschlands bestehen. Gerade für uns, die wir die Freiheit lieben und für alle Menschen durchsetzen wollen, gilt es, die Warnzeichen zu erkennen, die Gefährder zu benennen und das Aufgehen ihrer Saat zu verhindern.

76 Jahre nach der Befreiung der Konzentrationslager sind die von den Nationalsozialisten begangenen

Gräueltaten Teil unserer gesellschaftlichen Erinnerungskultur. Sie werden im Geschichtsunterricht gelehrt, sind Handlung zahlreicher Sachbücher und Romane, Kinofilme und Geschichtsdramen. Sie werden literarisch aufgearbeitet und von Historikern wie Politikern regelmäßig ins Zentrum gesellschaftlicher Debatten gerückt. Die Gräueltaten des verbrecherischen Regimes der Nationalsozialisten haben auch nach all den Jahrzehnten, die seit dem Ende des Zweiten Weltkriegs vergangen sind, nichts von ihrem Schrecken verloren. Das Verständnis von der Singularität des Holocaust und die Fähigkeit, Gegenwart und Zukunft der Bundesrepublik auch aus dem Erinnern an die Gräueltaten in Nazideutschland zu gestalten, hängt bis heute eng mit den Berichten von Zeitzeugen zusammen. Doch diese werden immer seltener, während gleichzeitig Antisemitismus in unterschiedlichsten Facetten wieder um sich greift.

Das Thema Antisemitismus kann nicht hoch genug auf der Agenda der politischen Bildung stehen. Denn Antisemitismus, so hat es Theodor W. Adorno schon 1945 treffend formuliert, sind bereits Gerüchte über die Juden. Einer lange versteckten, aber doch erschreckend großen Ansammlung von Menschen aller Couleur dienen antisemitische Verschwörungstheorien als Erklärung für die vermeintlichen Missstände dieser Welt.

Es ist ein schrecklicher, ein quälender Gedanke: Der Ungeist, der das nationalsozialistische Regime in Deutschland in all seiner Grauenhaftigkeit möglich ge-

macht hat, ist immer noch da, droht immer mal wieder auszubrechen, stärker zu werden. Wir registrieren, dass all die Gewalt, die Unmenschlichkeit und die Millionen Toten noch immer und immer wieder missbraucht, relativiert, angezweifelt, sogar geleugnet werden. Wir registrieren, dass antisemitische Verschwörungstheorien bei manchen immer noch das Gedankengut bestimmen. Wir registrieren, dass antisemitische Äußerungen bei vielen sogenannten »Querdenkern« zum Mindset und zum Vokabular gehören. Nicht umsonst warnte der Zentralrat der Juden, dass die Coronapandemie als »Katalysator für Antisemitismus« diene. Die Statistiken sprechen eine klare Sprache: Allein für das Jahr 2020 verzeichnete das Bundesinnenministerium in einer ersten Bestandsaufnahme 2275 Gewalttaten gegen Juden – ein trauriger Höchstwert seit dem Beginn der Aufzeichnungen vor etwa 20 Jahren. Der Verfassungsschutz warnte vor dem »steil ansteigenden Antisemitismus in Deutschland«. Der allergrößte Teil der judenfeindlichen Straftaten hat einen rechtsextremistischen Hintergrund.

2021 steht im Zeichen von 1700 Jahren jüdischen Lebens in Deutschland. Gegen Rassismus, Antisemitismus, Rechtsextremismus und Hass im Netz wird sich die Friedrich-Naumann-Stiftung für die Freiheit in vielfältiger Weise einbringen und diese Arbeit auch in der Zeit danach fortsetzen. Wir müssen die Erinnerung an die Schande der Reichspogromnacht und den daraus folgenden Holocaust in den Köpfen der Menschen lebendig halten. Dafür bieten wir dauerhaft Veranstaltun-

gen zum Thema Antisemitismus an. Denn Judenfeindlichkeit zeigt sich nicht nur in Taten – sie beginnt viel früher, in Sprüchen, Vorurteilen, Beleidigungen. Mit den Worten der Holocaustüberlebenden Anita Lasker-Wallfisch: »Die Gaskammer ist nicht der Holocaust, der Holocaust endete dort.«

Wir können gar nicht froh und glücklich genug darüber sein, dass Holocaust-Überlebende wie Margot Friedländer zur Vergebung bereit und zu Hoffnung und Toleranz fähig waren und sind. Aber wir »Nachgeborenen« müssen auch unseren Teil erfüllen und verhindern, dass antisemitisches, ja insgesamt fremdenfeindliches Denken jemals wieder an die Schalthebel gebracht wird, wo es sein immanentes Zerstörungspotenzial umsetzen kann. Die Arbeit der Friedrich-Naumann-Stiftung für die Freiheit in diesem Themenfeld geht weiter.

Quelle und Bildnachweis

* zu S. 94: Das Baeck-Zitat »Die Geschichte des deutschen Judentums ist definitiv zu Ende. Die Uhr kann nicht zurückgestellt werden.« ist am 21.12.1945 im New Yorker *Aufbau* erschienen (»Gespräch mit Leo Baeck«).

S. 97–100: © privat Friedländer
S. 101: oben: © privat Friedländer; unten: © Bundesregierung / Sandra Steins
S. 102: oben: © Landesarchiv Berlin, F Rep. 290 (eDok) Nr. D_008746 / Fotograf: Thomas Platow;
Mitte: © Laurence Chaperon für Lamalo Consulting GmbH; unten: © privat Friedländer
S. 103: oben: © Laurence Chaperon für Lamalo Consulting GmbH; Mitte und unten: © privat Leutheusser-Schnarrenberger
S. 104: oben: © privat Leutheusser-Schnarrenberger; unten: © Laurence Chaperon für Lamalo Consulting GmbH

Danksagung

Gerade in diesen herausfordernden Zeiten ist es wichtig, denen zuzuhören, die die Schrecken des Nationalsozialismus erlebt haben. Margot Friedländer ist zweifelsohne eine der großen Ausnahmepersönlichkeiten. Daher gilt an dieser Stelle ihr unser tiefer Dank. Ebenso Sabine Leutheusser-Schnarrenberger – eine Frau mit Haltung, die sich seit Jahren unermüdlich gegen Antisemitismus und Intoleranz einsetzt. Ulrich Ehrlenspiel, Eva Dotterweich und das Verlagsteam – insbesondere Miriam Nüberlin, Arnold Klaffenböck, Florian Landgraf und Marie Luise Lapczyna – haben das Projekt mit großer Hingabe und persönlichem Einsatz begleitet, vielen Dank dafür!

Laurence Chaperon hat auf einfühlsame Art und mit ihrem wunderbaren Blick das Covermotiv aufgenommen.

Vielen Dank auch an Abraham Lehrer (Vizepräsident des Zentralrats der Juden in Deutschland), Simone Sabel (für redaktionelle Unterstützung), Thomas Volkmann und Claudia Groß von der Friedrich-Naumann-Stiftung für die Freiheit, an Michael Anders und Christian Klaka vom Büro der Antisemitismusbeauftragten des Landes Nordrhein-Westfalen, an Peter Mahall, Florian Bessel und die Lamalo Consulting GmbH.

Ein herzlicher Dank gilt auch Ministerpräsident Armin Laschet, Justine Schramowski und Arne Hordt aus der Staatskanzlei Nordrhein-Westfalen. Sie alle haben zum Gelingen dieses Buches beigetragen.

Impressum

Postfach 860366, 81630 München

GRÄFE UND UNZER EDITION

Gräfe und Unzer ist eine eingetragene Marke der GRÄFE UND UNZER VERLAG GmbH, www.gu.de

ISBN 978-3-8338-9000-0

2. Auflage 2021

Bildnachweis und Quellenangabe auf S. 190.

Herausgegeben von Sascha Hellen
Projektleitung: Miriam Nüberlin
Redaktionelle Mitarbeit: Simone Sabel
Lektorat: Arnold Klaffenböck
Covergestaltung: FAVORITBUERO, München
Coverfoto: Laurence Chaperon für Lamalo Consulting GmbH
Herstellung: Markus Plötz
Satz und Innenlayout: Björn Fremgen, KONTRASTE
Reproduktion: Repro Ludwig, Zell am See
Druck und Bindung: Livonia, Riga

Umwelthinweis: Dieses Buch ist auf PEFC-zertifiziertem Papier gedruckt. PEFC garantiert, dass Holz- und Papierprodukte aus nachhaltig bewirtschafteten Wäldern stammen.

Die GU-Homepage finden Sie unter www.gu.de

www.facebook.com/gu.verlag

GRÄFE UND UNZER

Ein Unternehmen der
GANSKE VERLAGSGRUPPE